ぐんぐんうまくなる！
硬式テニス

はじめに
「歩く動作」に「止まって」「打つ」をプラス

　私は今まで世界各地を選手と共に転戦し、いろいろな国のテニスコーチたちと接する機会に恵まれました。また、国際テニス連盟のコーチ委員をしていたときは、世界のテニスをどのように指導・発展させるかを検討し、テニス技術のあり方についてもさまざまな意見交換をしてきました。

　これらの経験と、国内の現場で初心者からプロまで延べ20万人以上の指導にあたってきた体験から、スポーツというのは日常の体の動きをできるかぎり生かして基本形を作ることが、いかに大切かを痛感しました。

　本書は、普段歩いている動作にそのままラケットを振るだけで楽に打てることから入っていきます。歩く動作は人間の動きの中で最も基本的なもので、バランスのとれたすばらしい動作でもあるからです。この歩く動作を基本にして正しくテニスを練習すると、動きを早くすることができ、重心も体の中心線でとれるようになります。パワーロスをすることなく安定したショットが打てるようになるのです。

　本書では、どのショットも「歩く動作」を基本にして、ボールに合わせて「動いて」「止まって」「打つ」という動きを加えていくことで、誰でも簡単にテニスを楽しむことができるように解説していきます。

　少しずつレベルアップをしていくと、スピードボールを打ちたくなるのは自然の欲求です。その段階に入ると、バランスを崩さないことが大切になり、求められるのは腰の安定です。

　相撲では、四つに組んだとき、相手に投げられないように、また押されないようにと両膝を開いて曲げ、腰を落として両足は斜めに構えて、前後左右に押されてもぐらつかないように踏ん張ります。

　テニスでも、力を出してもぐらつかないようにするためには、この相撲の四つに組んだ構えがテー

クバック時の基本形になります。無駄な力みを抜いて腰を安定させて、体をやや前傾させ、インパクトでは体をまっすぐ立てて、ラケットの重さを利用して打てば、誰でも始めたその日からテニスのラリーができるはずです。

ラケット自体は小さなトランポリンになっていますので、ボールが当たるときにフレームがぐらつかないようにすれば、ラケットとストリングスの弾力でボールは勝手に飛んで行ってくれます。

以上のことを頭に入れて本書を読み進めていただくと、楽にボールをコントロールできることを体感できると思います。

家を建てるときもそうですが、土台をしっかり頑丈に作れば崩れることもなく、長持ちします。本書で基本を身につけて、楽しいテニスライフを送っていただければ幸いです。

2008年7月

元フェドカップ監督

内山　勝

ぐんぐんうまくなる！硬式テニス

はじめに ———————————————————— 2

Part 1
さあ、テニスを始めよう！

Tennis Fundamental
1) 理想はノーグリップ、ノーフォーム ———————— 10
2) どんな用具を使うか ————————————— 12
3) 基本のグリップ ——————————————— 14
4) 手、指の使い方 ——————————————— 16
5) 構えは重心を下げる ————————————— 18
6) すばやく動くためのスプリットステップ —————— 20

Column 硬式テニスのコートとは ————————— 22

Part 2
グラウンドストローク

Ground Stroke
1) ベースラインからは打ち上げる ————————— 24
2) ボールのバウンドと打点 ———————————— 26
3) 運動の連鎖で打つ —————————————— 28
4) インパクト（打点）では背筋はまっすぐ —————— 30
5) 目の位置はできる限り動かさない ———————— 32
6) 体の動きは横向きから正面向き ————————— 33
7) スイング中の重心は両足の間 —————————— 34
8) つま先の角度と体の向きの関係 ————————— 35
9) パワーとスピードの関係 ———————————— 36
10) ラケットの性能を生かす ———————————— 37

Forehand Stroke
1) フォアハンドのグラウンドストロークとは ————— 38
2) 右足を軸にスイングする ———————————— 40
3) ボールは下から投げる動作で飛ばす ——————— 42
4) 膝から下のパワーで打つ ———————————— 43
5) フォアハンドストローク・メカニズム ——————— 44
6) 左手の使い方と肩の入れ替え —————————— 48

Backhand Stroke
1）バックハンドのグラウンドストロークとは ──── 50
2）両手打ちバックハンドの基本 ──── 52
3）両手打ちバックハンド・メカニズム ──── 54
4）両手打ちバックハンドは肩の入れ替え ──── 56
5）片手打ちバックハンドの基本 ──── 58
6）片手打ちバックハンド・メカニズム ──── 60

Ground Stroke
1）グラウンドストロークの回転による種類 ──── 62
2）フラットのストローク ──── 64
3）トップスピンのストローク ──── 66
4）アンダースピンのストローク ──── 68
5）グラウンドストロークのコースの打ち分け ──── 70

Column ストロークをしっかり打つために ──── 72

Part 3
サービス&サービスリターン

Service
1）サービスの基本① ──── 74
2）サービスの基本② ──── 76
3）基本のグリップはコンチネンタル ──── 78
4）サービススイングの基本① ──── 80
5）サービススイングの基本② ──── 82
6）いろいろなサービスの打ち方 ──── 84
7）サービスの球種と効果的なコース ──── 86

Service Return
1）サービスリターンの打ち方 ──── 88
2）遠いボールのリターン ──── 90
3）近いボールのリターン ──── 92

Column うまくなるために試合を見る ──── 94

Part 4
ボレー&スマッシュ

Volley
1）ボレーとは？ ──── 96
2）山なりに打ち合うことから始める ──── 98
3）構え ──── 100
4）フォアハンドボレー・メカニズム① ──── 102

5) フォアハンドボレー・メカニズム② ─── 104
6) 基本のフォアハンドボレー ─── 106
7) 基本のバックハンドボレー ─── 108
8) 両手打ちバックハンドボレー ─── 110
9) ハイボレー ─── 112
10) ローボレー ─── 114
11) スイングボレー（トップスピンボレー） ─── 116
12) アングルボレー ─── 118

Smash
1) スマッシュの基本動作はサービスと同じ ─── 120
2) スマッシュ・メカニズム ─── 122
3) 基本のスマッシュ ─── 124
4) ジャンピングスマッシュ ─── 126
5) スマッシュのコースの打ち分け ─── 128

Column 左手の使い方 ─── 130

Part 5
ロブ＆ドロップショット

Lob
1) コートを立体的に使うロブ ─── 132
2) 基本のロブはアンダースピンロブ ─── 134
3) 攻撃的なトップスピンロブ ─── 136
4) バックハンドロブ（アンダースピン） ─── 138

Dropshot
1) むずかしくない!! ドロップショット ─── 140
2) 基本のドロップショット ─── 142

Column スピードよりもコントロール ─── 144

Part 6
さあ、試合をやってみよう！

Game
1) 試合をするための基礎知識① シングルスとダブルス ─── 146
2) 試合をするための基礎知識② 試合の進め方 ─── 147
3) 試合の定石① テニスは対面競技 ─── 148
4) 試合の定石② 相手の弱点をつかむ ─── 150

Game（Singles）
1) シングルスの定石① クロスとストレート ─── 152
2) シングルスの定石② フォアハンドへの回り込み ─── 155

Game (Doubles)
3) ダブルスの定石①　ダブルスの戦い方 ———— 156
4) ダブルスの定石②　右サイド、左サイドの決め方 ———— 157
5) ダブルスの定石③　フォーメーション ———— 158
Game (Singles & Doubles)
6) 試合の定石まとめ①　段階的戦術 ———— 160
7) 試合の定石まとめ②　試合中のメンタル ———— 161
Column 頭で考えて体に覚え込ませる ———— 162

Part 7
練習方法
Practice
1) フットワークを身につける ———— 164
2) ラケットを使って調整力を養う ———— 166
Drill
1) 繰り返しの練習、続けよう！ ———— 168
Column 頭ばかりで考えすぎないことも大事 ———— 174

PART 8
コンディショニング
Conditioning
1) ウォームアップの方法 ———— 176
2) テニスに必要なトレーニング ———— 178
3) 強い選手になるための食事 ———— 180

硬式テニスの用語 ———— 182
硬式テニスの基本ルール ———— 186

おわりに ———— 190

左より、斎藤竜一、高橋宏聡、櫛引大資。
撮影に協力してくれたみなさん。

撮影協力／荏原湘南スポーツセンター
イラスト／松下佳正
デザイン／石塚智子
編集協力／プロランド

Part 1

ラケットにボールを当てて、
ネットの向こうにいる相手に、ボールを打っていく……。
これがテニスというスポーツです。
気楽にボールを打ってみましょう。
歩く動作で誰でもテニスはできます。

さあ、テニスを始めよう！

Tennis Fundamental

※本書の解説はすべて右利きを基準にしています。

Tennis Fundamental

① 理想はノーグリップ、ノーフォーム

テニスの考え方

誰でも楽しめるスポーツ

テニスは、世界でサッカーについで2番目にプレー人口が多いスポーツです。世界中の多くの人が、コートを走り回って"テニス"を、大いに楽しんでいるのです。

テニスは、一定の高さのネットと一定の広さのコートで、相手と向かい合って、ラケットを使って、ボールをコートのラインの中に入れ合うことを楽しむスポーツです。単純に打ち合うだけでも十分に満足できる、興味深いスポーツなのです。

そして、ただ打ち合っているだけのように見えるスポーツなのですが、実際には運動量が多く、考えている以上にハードさがあります。

歩く動作で簡単に打てる

テニスは、技術を向上させ、深く掘り下げていけば、体力、精神力、技術を際限なく追求できる、奥深いスポーツですが、一方では、小さい子供から熟年まで、幅広く、そして末永く楽しく続けられる生涯スポーツでもあるのです。

「どんどん練習して、ぐんぐん上達してもらいたい」——、そんな願いをこめてこの本を書いていきますが、でも、あまりむずかしく考えないでほしいなと思っています。

テニスは、歩く動作で誰でも簡単にできます。歩く自然のリズムでラケットを振ってみてください。意外とボールはラケットに当たるものです。そしてネットを越えて飛んでいくものです。

ラケットにボールが当たり、ボールが相手コートに飛んでいけば、今度はそのボールをもう少し深くしたり、強くしたりすればいいのです。その方法、テクニックをこれからやさしく学んでいきましょう。

理想はノーグリップ、ノーフォーム

テニスプレーヤーがよく口にする表現があります。

「テニスコートは、自分が打っていこうとする相手コートは狭く見えるけれど、打たれる自分のコートは限りなく広い」

実際に、テニスコートは1面で約200坪の面積があります。その半分の100坪を自分1人で守るとなると、相当走り回らなければならないということになります。テニスは、相手の取れないところ、相手が困るところに打っていくスポーツですから、どのグリップで、どんなフォームで、どんな回転をかけてと決めて、決めたとおりに実行しなければいけないわけではありません。

そのときの状況に応じて、瞬時に判断して、適切な場所、必要なスピードで打てればいいのです。よって、理想は、状況に応じてグリップやフォームを正しく変えられることです。ただし、これも基本がしっかり身についていなければ、"正しく"は変えられません。まずは、基本を身につけることからスタートしましょう。

テニスは誰にでもできる打ち合いのスポーツ。運動量も十分ある

瞬時の判断が不可欠。状況に応じて正しいグリップ、フォームにチェンジ!!

さあ、テニスを始めよう! Part 1

Tennis Fundamental

② どんな用具を使うか

ラケット、ストリングス、ボールなど

ラケット

　テニスを始めるにあたって、用具類についても知っておきましょう。

　まず必要なのはラケット。硬式用のラケットを求めますが、ラケットには大きさ、厚さ、硬さ、長さ、グリップの太さなど、いろいろな種類があります。選手が使っているラケットに憧れて買うのもいいですが、まずは自分の技量やテニスの特徴、体力などに合わせて選ぶことが大事です。

　最近のカタログを見ると（ほとんどのショップに置いてありますので見せてもらいましょう）、性能や、どのようなタイプのプレーヤーに合うのかが、くわしく書いてあります。また、ショップの店員や、スクールのコーチに相談するのもいい方法です。きっと間違いのないラケット選びをしてくれるでしょう。

　テニスクラブなどには試打ラケットの貸し出しもありますので、一度試してみるのもいいと思います。

ラケット（Racket）

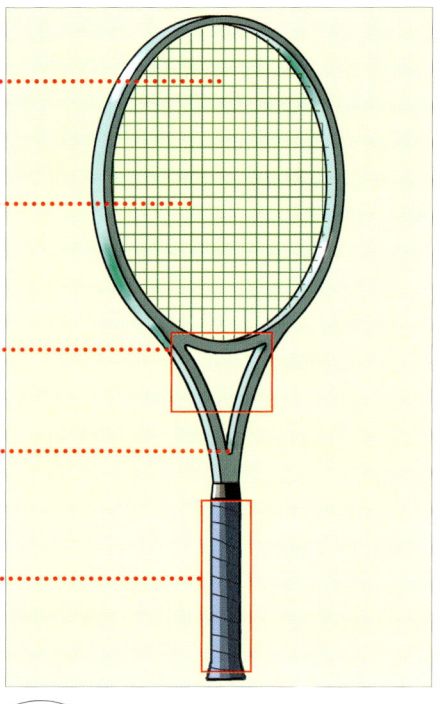

フェース面
ストリングスが張られている部分。形状は楕円形で、中心部の"スイートスポット"と呼ばれる一番弾きのいいところでボールを打つ

ストリングス（ガット）
フレームに張られている糸のこと。素材は天然素材のものと化学繊維のものがある。現在は、ナイロン、ポリエステルなどの化学繊維系のものが主流になっている

シャフト
ラケットの柄の部分。フェースとの接合部分が二股（スロート）になっている構造が一般的

フレーム
ラケットの本体。以前は木でできていたが、現在は、カーボン素材、ファイバー素材が中心である。重さは250〜300gが標準

グリップ
握りの部分。直接手で触れるところなので、フィット感が大切。サイズは細いものから太いものまでいろいろあるが、握りやすい太さに自分でテープを巻いて調節するのもいい

ストリングス

ラケットに張るストリングス(ガット)は、天然のものと化学繊維のものがあり、それぞれ特徴を持っています。そして、張り方(強さ)によって、同じラケットでも性能が変わってきます。パワーのある人は強めに張り、非力な人は少し緩めに張るのは、1つの目安です。このストリングスも、知識のある人に相談して選ぶことをおすすめします。

シューズ

シューズはクレーコート用、ハードコート用、芝生(砂入り人工芝も含む)用、オールコート用などがあります。また、スタイルもハイカット、ローカットなどがあります。

一般的にはオールコート用のローカットが無難ですが、専門家に相談すると、安心して選べるのではないでしょうか。買う前には必ずためし履きをして、少しゆとりがあるくらいのサイズを選んでください。

テニスは走り回って行うスポーツです。シューズはとても大切です。自分に合ったテニスシューズを履くことで、ケガや故障を予防することができますので、慎重に選んでください。

ウエア

ウエアは、動きやすいものを着るようにしてください。スポーティーなものならなんでもいいのではということで、伸縮性のないものでプレーすると、関節や筋肉の動きが制限されて、ケガをしやすくなります。注意しましょう。

テニスウエアとして市販されているものが無難ですが、必ずしもテニスウエアでなくても、運動に適しているものであればOKです。ただし、テニスクラブ、その他の施設などによってはウエアの制限をしているところもありますので、事前の注意が必要です。

清潔でシンプルなウエアを身につける習慣をつけていれば、ほとんどのコートで安心してプレーできるはずです。

ボール

ボールも自分で用意します。テニススクールではボールを用意してくれていますが、仲間同士でプレーするときは、ショップなどで買って持ち寄りましょう。いつも他人のボールばかり使ってプレーするのはマナーに反しますので、気をつけましょう。

Tennis Fundamental

③ 基本のグリップ

グリップの種類

　グリップ、つまりラケットの握り方です。いくつか種類がありますが、ここでは標準的な3つのグリップを紹介します。

　ラケット面を立てて、金づちを握るように上から握るのが①イングリッシュグリップ。グリップ面と握手するように握るのが②イースタングリップ。イースタンからさらに右に回転させて③ウエスタングリップです。イングリッシュグリップは薄いグリップ、ウエスタングリップが厚いグリップという表現もあります。

　それぞれに特徴があり、グリップによってプレースタイルも変わってきます。初心者の場合は、スピン系のボールが打ちやすいイースタングリップがなじみやすいと思います。

　ただし、最初の項でも書きましたように、理想はノーグリップ。状況に応じて適したグリップに変えられること。自分に合った標準のグリップを見つけ、次の段階で応用のグリップを習得できたらいいのではないでしょうか。

①イングリッシュ（コンチネンタル）グリップ

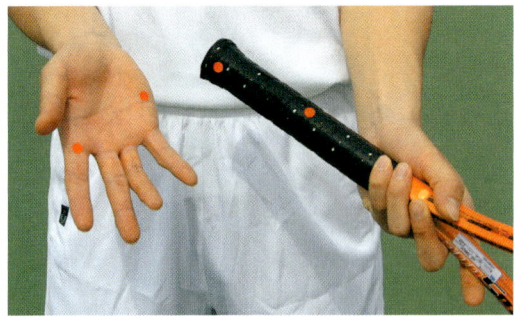

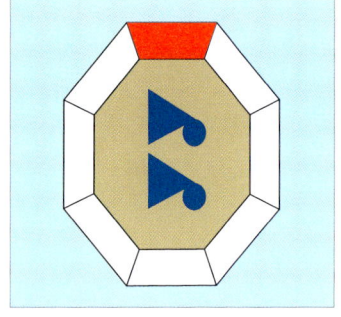

イギリスで始まった（厳密にテニスの原型となったゲームの発祥はフランス）テニスは芝生のコートで行われていた（ローンテニス）。ボールのバウンドが低く、ラケットですくい上げるように打たなければならなかったために、ラケット面は上を向きやすい薄いグリップになった。発祥の地名からイングリッシュグリップという。もっとも薄いグリップだ。
リーチが長く、バックハンド、ボレー、サービスと応用範囲が広いが、トップスピンや高い打点のボールには適さない。

②イースタングリップ

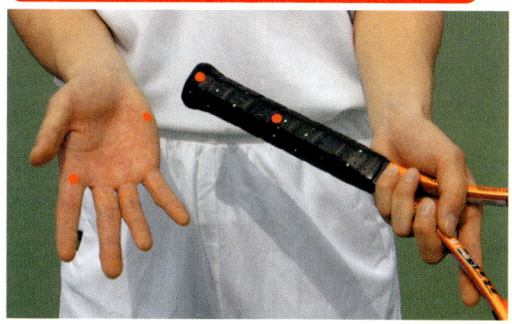

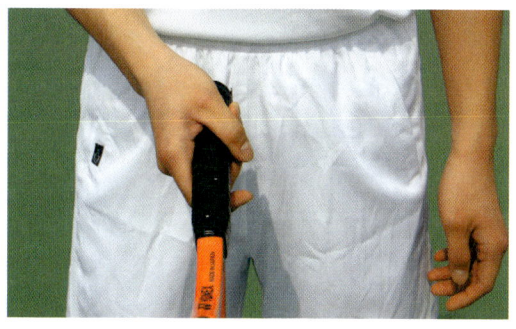

テニスがイギリスからアメリカの東海岸に渡り、芝生だけでなく土のコートでも行われるようになった。ボールのバウンドが腰くらいの高さになり、横に打ちやすいラケット面を作る必要が出てきた。発祥の地名からイースタングリップと名づけられた。

イングリッシュより手を少し右に回して、斜め上から握る。イングリッシュよりもリーチは短くなるが、高い打点のボール、スピン系のボールは打ちやすくなる。

③ウエスタン（セミウエスタン）グリップ

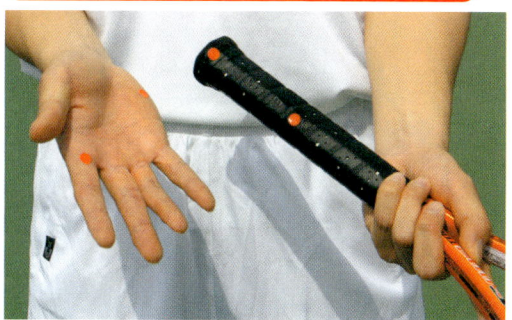

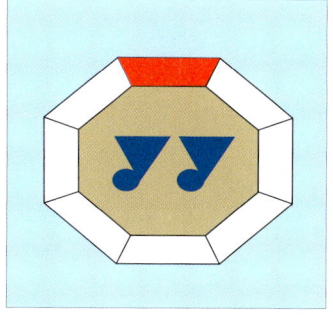

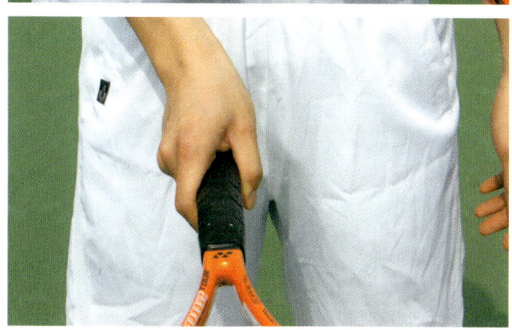

テニスがアメリカの西海岸に渡ると、気候が乾燥してきた。芝生や土のコートも乾いてしまって、いつも適正な状態にキープできない。そこでコンクリートやアスファルトのコートを作るようになり、ボールのバウンドがさらに高くなった。高いバウンドに対し、ラケット面を下に向けて、ボールを押さえやすくするために、ウエスタングリップが生まれた。もっとも厚いグリップだ。

高いバウンドのボールに対処でき、トップスピンを打つのに適しているが、サービス、ボレーには使えない。

④ 手、指の使い方

小指の"締め"がポイント

　ボールを打つパワーは、運動の連鎖により、足の裏から順番に上に上がって、ラケットに伝えられます。

　そのとき、脇の下から腕の下側を伝わってからラケットに伝えるので、しっかりパワーを伝えるためには、小指の締めが大切になります。

　親指側に力を入れてしまうと脇が開いて、上から押さえるような打ち方になり、パワーをうまく伝えることができず、ネットボールも多くなります。

　小指側を意識して、脇の下からのパワーを無駄なくラケットに連鎖させ、効率のいいスイングを身につけてください。

■小指の使い方

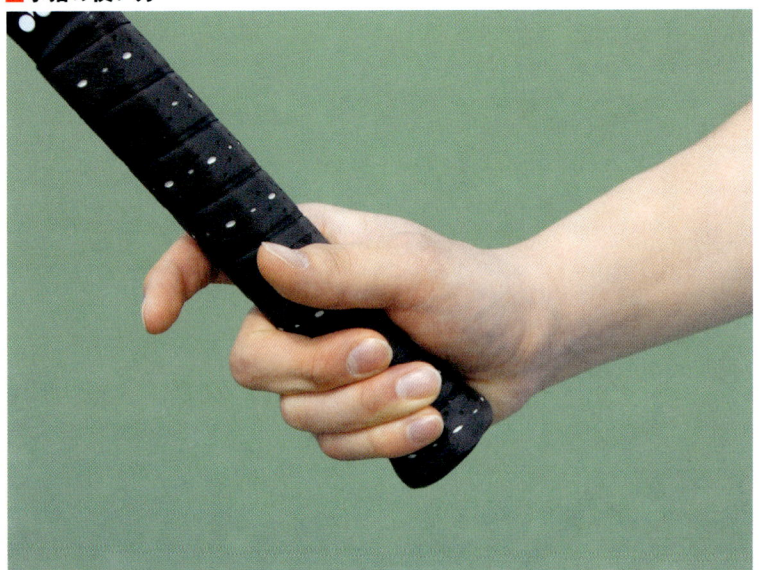

正しく言えば、小指、薬指、中指の3本と手のひらで軽く小鳥を握って逃げない程度、握り殺さない程度で、親指と人さし指は軽く添えるくらいの握り方です。そしてインパクトの瞬間には、ボールを打つ衝撃でグリップがぐらつかないように、小指、薬指、中指の3本でしっかり握ることになります。

■手首の使い方（すべてのショットに共通）

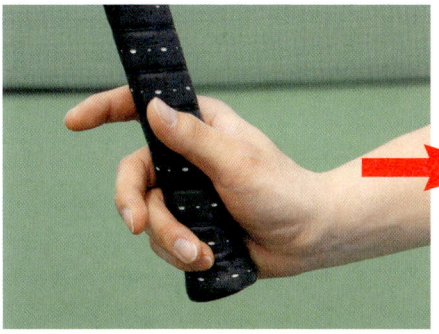 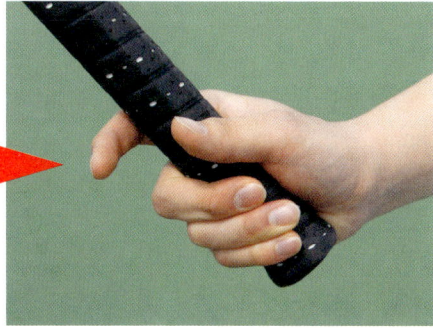

金づちを使うときの手首の動かし方を、どのショットでも応用します。手首をうまく使うことができるようになると、パンチのあるショットを生むことが可能になります。パンチのあるショットには、手首の使い方が不可欠なのです。

■手のひらの使い方

手のひらの小指側の厚くなっている部分を上手に生かしていきます。運動連鎖の脇の下から小指までのパワーを手のひらの厚い部分でキープして、ラケットに連動させます。親指側でパワーをキープしようとしてもパワーが出ないのです。

小指が離れると力が入らない

■手首、肘の角度

手首とラケットの角度は上から見ても横から見ても120°、肘の角度も120°が基本です。初心者の中には、手首を伸ばし、肘を伸ばして打っている人がいます。目安として120°の角度を作るとスイングしやすいことを覚えてください。

⑤ 構えは重心を下げる

地面を蹴る準備姿勢

構えの姿勢を作るとき、重心を下げる感覚を持つことが大切です。重心を下げて、ぐらつかないようにどっしり構え、安定させます。この構えがとれると、足で地面を蹴る力も生まれてきます。

運動の連鎖と、前の項で何度か書きましたが、すべての力は足で地面を蹴ることによって生まれます。その力が脇の下に伝わり腕に移動し、そして手からラケットへと連鎖していくのです。

初心者のみなさんは、普段、歩くときでも、しっかりかかとから入って、地面を母指球で押さえながら歩くことを意識してみてください。足で地面を蹴る動作は、すべてのスポーツに役立ちます。

パワーは腕や肩で生み出すのではなく、足で地面を蹴ることで生み出すことを知っておいてください。

構えの作り方

1. 体の力を抜いて両足は肩幅よりやや広く開く。足の裏全体に体重を感じるようにする

2. お尻を後ろに突き出して、やや体を前に傾けて両手はダランと力を抜いて前に垂らす。体重はややかかとに乗る

3

さあ、テニスを始めよう！ Part1

肩の力を抜く

横から

背筋を伸ばして前傾姿勢をとる

母指球に力を溜める

スタンスは肩幅よりやや広くする

膝を緩めて曲げ、母指球に重心を乗せる。膝はやや内側に入れて体の中（母指球）に力を溜めて前傾姿勢をとる

重心を下げてどっしり構える

足で地面を蹴る

どこへでもすばやく動ける体勢を作って待つ

19

⑥ すばやく動くためのスプリットステップ

Tennis Fundamental

動きのきっかけ作り

　両足を肩幅よりやや広く開いて、足の裏全体に体重を感じるようにして体の力を抜いて構えます。体重を母指球に乗せて、どこへでもすばやく動ける体勢を作って準備しますが、これが、重心を下げたパワーポジション（どこへでもすばやく動ける構え）。

　この構えの後、相手がボールを打つ瞬間に軽くジャンプして、再度パワーポジションをとるのですが、このジャンプをスプリットステップといいます。

　スプリットステップを入れることによって、相手のボールとリズムを合わせやすくなり、自分が動き出すためのきっかけ動作にもなります。

1 重心を下げたパワーポジション。膝を緩めてジャンプの準備

2 相手が打つ瞬間にジャンプに入る

[1] 肩の力を抜き、体の正面でラケットヘッドをやや上げて構える。
[2] ジャンプのタイミングは、相手がボールを打つ瞬間。
[3] 膝を緩めて、体の中に力を溜め込みながら軽くジャンプする。

さあ、テニスを始めよう！ Part1

3 相手とリズムを合わせて軽くジャンプしたら再度パワーポジションに入る

4 重心を下げる

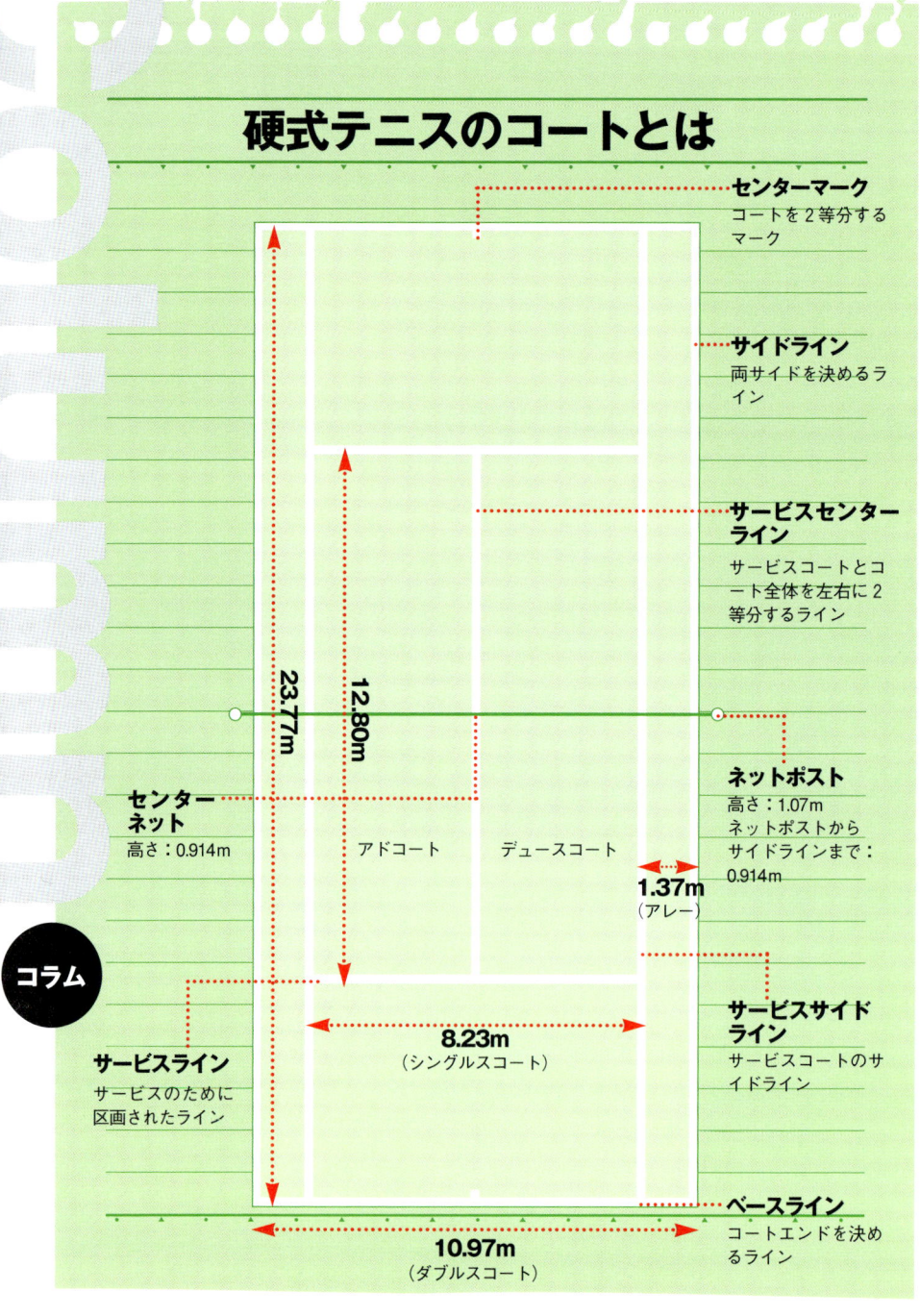

Part 2

ボールがコートにワンバウンドしてからツーバウンドするまでの間に、
タイミングをとって打っていくのが、グラウンドストロークです。
テニスの技術の基本となるものです。
ゆっくりボールを打ち上げていけば、相手コートに入るものと理解して、
どんどん打てるようになりましょう。

グラウンドストローク

Ground Stroke

Ground Stroke

1) ベースラインからは打ち上げる

強く打ってもアウトしない

　テニスコートの長さは約24m、ネットの高さは中央で約91.5cm、端で107cmあります。通常、ボールはネットの上50cmくらい、そのとき地上からは約1m40cmの高さで通過します。

　ベースライン上で地面から60～70cmの高さで打ち、12m飛ばして1m40cmの高さを通すのです。その間、地球の引力や空気抵抗、気圧でボールは下に引っ張られているわけですから、ベースラインから打つボールは必ず打ち上げなければなりません。

　打ち上げる方法は2通りあります。1つはラケット面を上に向けること。こうすると誰でも簡単にネットを越せますが、ボールの回転が逆回転になり、強く打つと浮力がつきすぎてアウトになってしまいます。

　もう1つの方法は、ラケット面を地面と垂直にしてスイングを下から上に上げることです。こうすることによりボールに順回転がかかり、強く打ってもアウトしなくなります。この打ち方のほうがラケット面を上に向けるよりもむずかしくなりますが、この打ち方が基本となります。テニスをプレーする人はこの打ち方をマスターできるように練習するのです。

　ただ、ラケット面を上に向けて打つ方法も、状況によって使うことがたびたびあります。この点は頭に入れておいてください。

1　ベースラインから打つボールは必ず打ち上げる

2　下から上に振り上げるスイングをする

ボールは、ネットのところでは約1m40cmの高さで通過する

ベースライン上で地面から60〜70cmの高さで打ち、12m飛ばして、ネットの上、地上からは1m40cmの高さを通す。その間、ボールは空気抵抗などで下に引っ張られている。よって、下から上に振り上げなければならないのだ

3 ラケット面を地面と垂直にする

4 ボールに順回転がかかり、強く打ってもアウトしない

グラウンドストローク Part 2

Ground Stroke

② ボールのバウンドと打点

バウンドして少し下がってきたところが一番打ちやすい

　グラウンドストロークは、ボールがコートにワンバウンドしてからツーバウンドするまでの間に打ちます。ボールをどの場所で打っていくか（打点）によって、ボールをとらえるむずかしさ、ボールのバウンドの威力などが違ってきます。

　ボールが地面にバウンドして、その上がってくる途中で打つのをライジングといいます。この場所はボールの威力があり、しかも自分が動いてその適切な場所に行く時間も少ないことから、技術的にはむずかしいショットです。

　バウンドが一番上がったところを打つのをトップといいますが、これもむずかしいショットです。この2つのショットは、うまく打てれば相手に時間的な余裕を与えずに攻撃できますが、技術の高さを要求されますので、少し上達してからトライしましょう。

　初級者は、ボールがバウンドしてトップを過ぎて、少し下がってきたところを打ちます。このタイミングで打つショットは時間的な余裕があり、ボールが放物線を描いて下がり始めたところを、そのラインに沿ってなぞるように上へ打ち上げてスイングできます。ショットのイメージが出しやすいので、他のショットに比べて、より打ちやすいはずです。

　打点が他の打ち方より低いことで、体の重心も上がらずに打てます。しっかり打っていきましょう。

ボールがバウンドして、上がってくる途中で打つライジング。すばやく動いて適切な場所で打たなければならない

Point バウンドと打点の関係、3種類

①ライジング、②トップ、③通常の打点。初心者は③で打つのが一番やさしい。無理せず楽に打っていくことができる

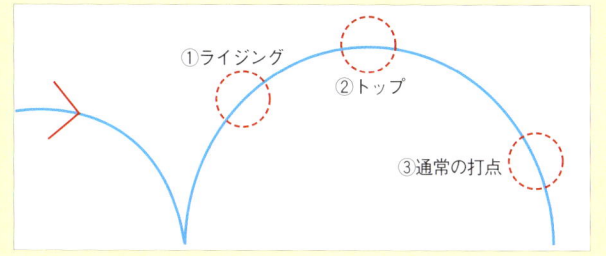

バウンドの最高点で打つトップ。攻撃的なショットになる

少し下がってきたところを、同じラインを描くように打ち上げていく。まずこの打ち方をマスターしよう

Ground Stroke

③ 運動の連鎖で打つ

足の裏→膝→腰→背骨→肩（脇）→肘→手首→ラケット

　地上で力を出す場合、すべて足を地面に踏ん張ることから始まります。体が空中に浮いた状態でボールを打てば、ボールが前に行くと同時に体も後ろに飛んでしまいます。

　パワーポジションで重心を落とし、足の裏で踏ん張って地面を蹴ることによって、蹴り上げられたパワーは、その後、かかと、膝、腰、背骨、肩（脇）、肘、手首、ラケットの順に伝わります。腕に力みが生じてしまうと、体のパワーが確実にボールに伝わりません。

　体の力みはできるだけ排除して、パワーロスを最小限にしたいものです。

　足の裏を使って踏ん張り、蹴る動作を覚えてください。"力を入れているようには見えないけれど、スピードの乗ったいいボール"が打てるようになります。

1 足をしっかり踏ん張り、パワーを地面から受け止める

2 順々に連鎖させていく

3 手でラケットを振るのではなく、足からの力を伝えることでラケットが振られていくイメージが大切

力強いボールを打つためには、パワーロスをせずに、順々に力を伝えることだ

④ インパクト（打点）では背筋はまっすぐ

首もまっすぐにして安定したショットを打ち出す

　打点に入るまでは体を少し前傾させて、体の前に懐（幅）を作りながら調節をし、インパクトに入ると、体も首もまっすぐに立てます。

　これには理由があります。インパクト時に体が傾いていると、肩の位置が傾き、ラケットを体の線に沿って正しく振ることができなくなります。そうなると、無意識にスイングの軌道を腕で調節するようになり、不安定なショットを繰り返すようになります。

　例えば、左肩を下げ、右肩を上げた前傾姿勢のままラケットを振ると、いつの間にかスイングは上から下への軌道になります。その姿勢のままラケットを上に振り上げてみると不自然な動作になることから、理解できると思います。

　ボールを打つときには、背筋、首をまっすぐに立てることを忘れないでください。

1　インパクトに入るとき、上体をまっすぐに立て、首を起こす

2　まっすぐにした上体で軸のブレをなくす

3　安定したショットを打つ秘訣だ

首もまっすぐにする

背筋をまっすぐ立てる

しっかりした安定感のあるインパクトをむかえることができる

NG

背筋をまっすぐ立てないと軸が不安定→ボールも不安定!!

安定したボールは、まっすぐ立っている背筋から生み出される

グラウンドストローク Part 2

Ground Stroke

⑤ 目の位置はできる限り動かさない

情報収集源の目のブレを最小限に

ボールを打つという動作中は、ボールが動いてきます。ラケットも動かして打ちます。この2つの動いているものを1カ所でピッタリ合わせなければなりません。

その情報の90％以上は、目から脳に伝えられ（残りは音、聴覚から）、ラケットを動かす指令を出しています。情報伝達という大切な役割を果たさなければならない目が動いてしまうと、ボール、ラケット、目の3つすべてが動いてしまうことになります。ズレを最小限にしてピッタリ合わせるためには、情報を伝える目を動かさないことがとても重要なのです。

構えに入ったらフィニッシュまで、できるだけ目は動かさないようにします。

目を動かさないようにすると、ボールとラケットのズレはなくなってくる

Ground Stroke

⑥ 体の動きは横向きから正面向き

野球のバッター、ピッチャー、テニススイングは同じ

野球のバッター、ピッチャーのほかに、陸上の槍投げや砲丸投げなども含めて、物やボールに勢いをつけて打ったり、投げたりする場合は、体の動きは必ず横向きから正面に向きます。その捻り戻しのパワーを使うことと、運動の連鎖を同時進行させることによって、体を無理なく、無駄なく機能させることができます。

横から正面への捻り戻しでパワーが発揮される

Ground Stroke

7) スイング中の重心は両足の間

重心が外に出てしまうと強打できない

　スイング中の重心の位置は、前後、左右に少しだけ移動します。両足よりも重心が外に出るとバランスが崩れて強打ができなくなります。バランスが崩れた場合はブロックのみで返球せざるを得なくなるでしょう。これはどのショットにも共通です。

　スムースなスイングを体感するために、重心を左右の足の間に置いて、重心移動の素振りをおすすめします。

　肩幅くらいに足を開き、右上からラケットを落とし、足元を通って左肩の上（ヘッドは頭の上）まで振ります。ラケットは右足よりも後ろでヘッドを下げ、体の真ん中を通過したらアッパースイングになります。正しく重心移動ができると、フィニッシュでは右足の裏は完全に反って、腰と右足の甲が左を向きます。

テークバック / **インパクト** / **フォロースルー**

1. 肩幅くらいに足を開く。右上からラケットを落とす
2. 右足より後ろでラケットを下げる
3. 体の真ん中を通過したらアッパースイングになる

NG

重心が両足の幅より外にズレている

強打をするのは不可能だ

Ground Stroke

⑧ つま先の角度と体の向きの関係

左足の踏み込み方でボールに正しく対応する

どのショットも、足のつま先の角度で体の向きが変わるので、つま先の向きのチェックも重要です。

右利きの人がフォアハンドのグラウンドストロークを打つ際は、右足のつま先は基本的にはネットに平行に置きます。右足に重心を乗せ、左足のつま先をネットに対して90°にセットすると、体の向きは45°になります。つまり、つま先の角度によって体の向き、角度が決まってきますので、注意が必要です。

また、左足の踏み込み方をネットに対してオープン、スクエア、クローズドにすること、つまりつま先の向きをボールによって変えることで、いろいろなボールに正しく対応できるようになるのです。

体の方向は45°になる

右つま先の向き。ネットに平行

左つま先はネットに対して90°

スクエア / オープン

クローズド

Ground Stroke

⑨ パワーとスピードの関係

無駄な力を省いて効率よく

力を入れてスイングスピードを上げれば、ボールのスピードが上がるのは当たり前。楽にゆっくり振っているように見えて、速いボールを打てるのが上級の技術です。

初速と終速の差が少ないボールは、伸びてくるように感じます。そんなボールを打つには終始バランスを崩さず、リストワークやインパクトでのグリップの締めなどをよくして、すべてのパワーをボールに無駄なく伝えられるようにすることです。

そしてもう1つ大切なことがあります。それは呼吸です。ボールとのタイミングを計り、呼吸をバウンドに合わせ、インパクトでは息を吐き出すようにします。力んで呼吸を止めてしまうと、筋肉が硬直してスムースなスイングになりません。タイミングがズレて筋肉をしなやかに使えなくなるからです。

息を吐き出しながらのインパクトのタイミングを覚えてください。

呼吸を止めてしまってはダメ。息を吐き出しながらインパクトし、筋肉をしなやかに使おう

⑩ ラケットの性能を生かす

Ground Stroke

打てば飛ぶのがラケットの構造

　ラケットはトランポリンを横に向けたのと同じ構造です。ボールを打てば、ボールは自然に飛ぶようにできているので、ラケットの性能をさらに生かすためにはどうすればいいのかを考えなければなりません。

　ちょっと実験をしてみましょう。ラケットを地面に置いて、上からボールを落としてみます。次に、地面に置いてあるラケットのシャフトを足で押さえて、同じようにボールを落としてみます。明らかに後者のほうが、ボールは高く弾みます。

　ラケットのトランポリン構造を効率よく機能させるためには、インパクトでラケットのフレームがぐらつかないように、しっかりグリップを締めることです。

　常にギュッと握り締めているのではなく、"インパクトの瞬間に締める"感覚が大切なのです。

ラケットを地面に置いて、上からボールを落とす。トランポリン構造で、ボールは弾む

シャフトを足で押さえて、同じようにボールを落とす。ボールは高く弾む。インパクト時にグリップを締めることで、ラケットの性能を最大限活用できる

Forehand Stroke

① フォアハンドの グラウンドスロークとは

スイングの基本は歩く動作。シンプルなイメージが大切

　運動の中で一番軽度でシンプルな動きは歩くことです。普通に手を振って歩く動作は、無駄がなくバランスもとりやすいはずです。

　歩いているときの手のひらの位置は腰と膝の間で、肩を中心に前後に振られています。この動きのままラケットを握って、振ってみてください。一番シンプルで無駄のないフォアハンドのスイングになります。

　まず、歩くことをイメージして楽に振ることからスタートです。

　グリップは基本的なイースタングリップがおすすめです。

グリップ

ラケットを体の正面に置いて、握手するように握るイースタングリップで始める。オーソドックスな握り方なので、初心者にはなじみやすいはずだ

1 ラケットを力まず振ることが基本

2 肩を中心に体のターンでテークバックする

3 ラケットの動きは自然と下から上になるので、ラケットは下がり始める

Advice 歩きながら手を振ってスイングする

楽に振り出したラケットにボールは当たるのだ。
「楽に振れば自然に当たる」という感覚を持ってもらいたい

ラケットは下がってから上に上がりインパクト

そのままラケットの動きは上に向かっていく

ラケットを体の中心に納めてフィニッシュ

Forehand Stroke

② 右足を軸にスイングする

支点は右肩（右利きの場合）になる

スイングするとき、どこを中心にすればいいのか考えてみましょう。

右利きの人は、ラケットを右手で持って振るわけですから、スイングの支点は右肩になります。

コンパスで円を描くときのことを思い出してください。芯を紙に突き刺すから丸い円になります。

ラケットがぶれることなく、正しい円を描くように振るためには、芯にあたる右足をしっかりとした軸にする必要があります。インパクトの前に左足に重心を乗せてしまうと、支点である右肩の下に芯がなくなりますので不安定になります。

スプリットステップを入れてリズムを作ってから、右足で軸を決めましょう。

右足で軸を決める　　**支点は右肩**

1　軸をしっかり決め、左右前後にぶれないようにする

2　スイングの支点は右肩になる

3　正しいスイングの円を描くためには右足を芯にする

4　インパクト前には左足に重心を移さないようにする

Point

[1] 右足の軸を中心にして、円を描くように回転する。
[2] 左足に重心を乗せてしまわないこと。
[3] 軸が決まれば、必ずナイススイングがついてくる。

NG

インパクト前に左足へ重心が移ってしまう

軸がぶれてしまい不安定なショットの原因になる

軸はぶれていない

5 芯にあたる右足を軸にしてインパクトをむかえる

6 軸をぶらさないように芯の上でスイングする

7 インパクト後に左足に重心が移る

8 軸がぶれることのない安定したショットが打てる

Forehand Stroke

③ ボールは下から投げる動作で飛ばす

かかとからの踏み込みパワーが不可欠

　ソフトボールやボウリングの投球フォームを見たことがあるでしょう。前に物（ボール）を飛ばすためには、体の後ろから前への重心移動が必要です。

　ボールを下から投げる動作では、後ろの足の膝を曲げ、力を溜めてから前の足をかかとから大きく踏み込んで、その踏み込むパワーでボールを投げます。

　テニスも同じ体の使い方で、前の足はかかとから踏み込むように使います。

1 後ろから前への重心移動の準備をする

2 後ろの足の膝を軽く曲げて力を溜める

3 前の足のかかとから大きく踏み込む

4 踏み込んだパワーをボールに伝える

Forehand Stroke

④ 膝から下のパワーで打つ

足の裏からの運動連鎖を活用する

　運動の連鎖の項でも述べましたが、パワーは、足の裏が地面を力強く押すことで生まれます。上半身や腕の力だけでラケットを振ると、早く下半身が引っ張られてしまい、バランスが崩れ、足の裏からの運動の連鎖が使えません。パワーロスが起き、ミスの原因にもなります。

　最初は、足の裏から膝までの動きだけを使って、その上のすべての動きをコントロールするつもりで打っていきましょう。安定したストロークが生まれます。この動きができるようになったら、腰、体幹、肩、肘、手首、ラケットと、少しずつ順番に上にパワーを伝えられるようにしましょう。

上半身や腕の力だけで振らない

下半身が引っ張られないようにする

最初は足の裏から膝までの動きを使う

足の裏が地面を強く押してパワーを生み出す。そのパワーを効率よくラケットに伝え、ボールに乗せていく

足の裏からのパワーを生かす

グラウンドストローク Part 2

⑤ フォアハンドストローク・メカニズム
Forehand Stroke

パワーの伝達経路を分析する

地面からのパワーを体に溜め、ラケットを使ってそのパワーをボールに伝達するのがストロークです。その一連の流れを分解して、構造をチェックしてみましょう。

テークバック

テークバックはラケットを引く動作のことです。バックスイングともいいます。この動作は、遊園地などにあるブランコを、後ろに引いてから手を離すのと同じ原理ですから、ラケットの重さを利用して楽に始動させます。

引き方には、少し上から回すサーキュラーバックスイング、まっすぐ後ろに引くストレート（ホリゾンタル）バックスイング、下から引くローワーバックスイングがあります。最初のうちは、引きやすい方法でよいでしょう。

テークバックの終わりでは、ラケット面はやや下向きにしておきます。ただしどのバックスイングをしても、フォワードスイングでは手首は常に腰よりも下から出てくるようにします。

テークバック

テークバックのいろいろ

■ サーキュラーバックスイング

ラケットを上から回して引く。高い打点で攻撃的なボールを打ちやすい利点がある

■ ストレート（ホリゾンタル）バックスイング

インパクトのラケット面を最初から作っておく引き方。打とうとする軌跡を戻すのでシンプルだ

■ ローワーバックスイング

ラケットを下から引く。完了時のラケット面は、インパクトのフラット面から引き上げた面の向きになっている

グラウンドストローク Part 2

フォアハンドストローク・メカニズム

Forehand Stroke

フォワードスイング

　ラケットは、ボールよりも下から出て、肩を中心にして振って、インパクトに向かいます。テークバックで下向きになったラケット面は、楽に振ると自然にインパクトでは地面に垂直になってきます。

　足からの力を背筋に伝え、背中を立てて背中で打つつもりにすると、軸がしっかりします。

フォワードスイング

体の軸をしっかりするということは、背骨をしっかり立て、背筋を利用して打つことだ

フォロースルー

野球のバットも、速く振るとバットが頭の上にきて止まる。テークバックからインパクトまでが正しくできると、自然なフォロースルーになる

インパクト

　膝と腰の間の高さで、一番力が入りやすい場所がインパクトです。

　インパクトでは、体を打つ方向に向かって正面に向け、ラケットは体の中心線より前方20〜30cmくらいのところで当てます。右足の裏の蹴りを生かして逆に押し上げ、そこでパワーを生みます。

　右の膝が左の膝の後ろに入ってくるように使うと、自然に体が正面を向き、体のパワーを効率よくボールに伝えられます。右足を軸にしていますから、正しい軸のまま打つためには、右肩は右足の上に乗ったままインパクトします。打つときに右肩が先に前に出てしまうと軸が崩れて、安定したショットになりません。注意しましょう。

　左足は、右足のパワーを受けて左に崩れないようにしっかりブロックします。そのブロックにより、体の中心に力が集まり、インパクトの瞬間にパワーがボールに伝達されるのです。

　ラケットはボールよりも低い位置から上がってきて（＊注：上半身が正面を向いた形で、フラット面でボールを捕らえ、インパクトではじめて体の動きをラケットが追い越していくイメージです）、右の脇は軽く締まった形で、左手も左右対称になるように使うことでバランスがよくなります。

　手のひらの厚くなっている部分でボールをつかむつもりで当て、小指を締めると同時に左手の小指にも少し力を入れます。インパクトでラケットに力を加えるようにするためには、インパクトより前にラケットスピードが上がり、パワーが出るようにする必要もあります。インパクトそのものに力を入れようとすると、脳からの指令のタイムラグが出て、インパクト後に力が入ることになってしまいます。

フォロースルー

　本来はインパクトですべてが終了ですが、勢いがついたラケットは急には止められません。そのため体の線に沿って巻きつけるようにして、左手で受け止めます。当ててから力を入れてもボールはすでにラケットから離れていますので無意味であり、バランスを悪くするだけです。

　ラケットを速く振れば振るほどフィニッシュでラケットヘッドは体の中心に戻ってきて、バランスをとります。ラケットヘッドは頭の上にくる場合と左腰の後ろに巻きつく場合があります。

インパクト

"力を加える"ということは、腕に力を入れるのではなく、体をうまく使って遠心力でラケットのヘッドスピードを上げるのだ。インパクトでボールから目を離さないことも安定とパワーのために重要

Forehand Stroke

⑥ 左手の使い方と肩の入れ替え

右手と同じ動きと力でバランスをとる

左手も右手と同じに使う

肩を入れ替える

1
左手も右手と対称に使ってバランスをとる

2
左手でバランスをとりながらインパクトに向かっていく

3
肩を入れ替え、下半身のパワーを使う。体の中心が軸になる

グラウンドストローク Part 2

　スイング全体を通じて、左手と右手は左右対称に動かします。左手はバランスをとる役割を担い、フィニッシュではラケットを受け止めて、体の中に収める大切な役をします。
　そして、インパクトに向かって下半身（膝から下）のパワーをボールにぶつけてくると、自然に上半身が回ってきます。野球のピッチャーの投げ終わりと同じで、体の軸を中心に、両方の肩は入れ替わっているはずです。
　体が垂直に保たれていると、この動作も意識せずにできるようになり、バランスのとれたいいフォームになります。
　最後は、体の軸に沿ってラケットを巻きつけるように振ります。
　ラケット全体の動きは、イメージとしては、ブランコを大きく後ろに引き、手を離すと座面が下におりていって、一番下までいくと再び上がっていくのと同じです。その上がってきたときにインパクトになる感じです。
　ブランコの下半分の円運動の中にインパクトがあるイメージです。

体を垂直に保つ　　**ラケットを体に巻きつける**

4 膝の下からのパワーをボールにぶつけて、自然に上半身が回っていく

5 体を垂直に保って、体の軸が左右にぶれないようにする

6 体の軸に沿ってラケットを巻きつけるようにすると、いいショットが打てる

49

① バックハンドの
グラウンドストロークとは

Backhand Stroke

フォアハンドストロークとの違いは？

　バックハンドストロークには両手打ち、片手打ちがあり、それぞれ長所、短所があります。

　力が入りにくいバックハンドでは、両手打ちはパワー不足を補うには有効であり、打点の幅も広いので、初心者でも楽に打てます。

　ただし、片手に比べると守備範囲が狭く、特に短く角度がついてきたボールへの対応はむずかしく、足をたくさん運ばなければなりません。遠いボールやスライスを打つときには、片手でも対応できるようにしておく必要もあります。

　片手打ちはいろいろと応用が効きやすいのですが、最初のうちは力が入らないので、右足をしっかり決めて、体全体の使い方を会得する必要があります。打点は、片手の場合は、必ず体よりも20〜30cm前にしますが、両手打ちの場合は、おヘソの前から体の前20cmくらいまでの幅があります。

応用範囲が広い片手打ちバックハンド

パワー不足を補ってくれる両手打ちバックハンド

■フォアハンド、バックハンドの違い

◎横向きになったときの肩、ラケットの位置が異なる
◎フォアハンドは最初から後ろに引けている
◎フォアハンドの動作は日常にあるがバックハンドはない
◎フォアハンドのほうが簡単に打てるが、いろいろ操作できるので安定しにくい
◎バックハンドは最初打ちにくいが、形ができると安定するので崩れない
◎バックハンドには両手打ちと片手打ちがある

■フォアハンドの場合

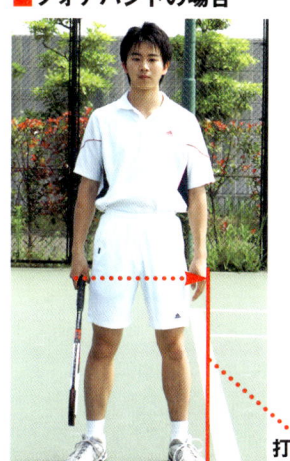

打点までの距離が体の幅だけある

フォアハンドは構えに入る時点で、体の幅分、テークバックができていることになる

■バックハンドの場合

打点までの距離がない

バックハンドはラケットの位置が打点の位置なので、その分、早くテークバックしなければならない

Backhand Stroke

② 両手打ちバックハンドの基本

グリップ&スタンス

グリップ

グリップは2種類あります。1つは、右手はフォアハンドのグリップのまま、左手をフォアハンドのグリップで右手の上に乗せるグリップ。これは左手のフォアハンドが主体になり、右手は補助とします。もう1つは、右手のグリップを持ち替えて、右手が主体のスイングにして、左手を補助とします。

どちらのグリップもトップ選手が使っているものですが、それぞれ使いやすい方法で握ればよいでしょう。

ここでは左手主体、右手主体の両方について説明しましたが、左手主体のほうが初心者には扱いやすいと思います。したがって本書では、以後は左手主体の握り方で進めます。

グリップ

■左手主体の場合

右手はフォアハンドのままで、左手をフォアハンドグリップに。これは左手が主体になる

■右手主体の場合

右手のグリップを持ち替える。左手を補助として、右手が主体になる

スタンス

　両手打ちのバックハンドの場合、右足軸と左足軸の両方で打つことができます。左手主体の場合は主に左足が軸足となりますが、右足に乗っても打てますので、ヒッティングポイントの幅が広くなります。

スタンス

■**右足軸の場合**

右手主体の場合は、右足が軸足になる

■**左足軸の場合**

左手主体の場合は、左足が軸足になる

Backhand Stroke

③ 両手打ちバックハンド・メカニズム

両手打ち

テークバック

　ボールが飛んできたら、スプリットステップを入れて、左足のつま先をネットに平行に向けて重心を乗せます。ラケットを力まずに体の後ろに引きますが、体を横に向ける動作で引くようにすると、腕に余分な力みが入らずにスムースに引けます。

テークバック

パワーは体の横向きから正面に向く力と足の裏から体を押し上げる力を使い、腕はリラックスしていることが大切

フォワードスイング

右足をかかとからステップイン（コースにより、オープン、スクエア、クローズドになる）して、ボールとの距離を調節する

インパクト

フォワードスイング

フォアハンドと同様、フォワードスイングで、グリップの位置が腰と膝の間の高さから出てくるようにすることで、足の裏から体全体が無駄なく使えます。手首を下に折ると力が抜けてしまいますが、ラケットヘッドはボールよりも下から出て、順回転（トップスピン）で打てる準備を行います。

インパクト

膝から下の捻り戻しで体にパワーを与え、その力でインパクトに向かいます。ラケット面は地面に垂直で、両腕の肘は120°～140°くらいに曲げたまま当てます。

フォロースルー

フォアハンドと同様、インパクトで終了するのでもいいのですが、急には止められないので自然にラケットが体の中心に戻ってくるように振って、バランスをとります。グリップを右肩の上に上げ、ラケットヘッドは頭の上か体の後ろにくるようにするとバランスがとりやすくなります。

背筋を伸ばし、目は打点に残すことが、パワーロスをなくし、バランスよく打つためのコツだ

フォロースルー

急には止められないので、ラケットが体の中心に戻ってくるように自然に振る

Backhand Stroke

④ 両手打ちバックハンドは肩の入れ替え

背筋を立て、軸をしっかりキープする

　バックハンドストロークはフォアハンドと同様、下半身からパワーを引き出して上半身の回転を使って打ちますが、背筋が立って、軸がしっかりすると、自然に肩の入れ替えが行われます。両手打ちではフォアハンドほど体が回りきらなくてもいいです。

軸足をしっかりして　　　**背筋を立てる**

1. テークバックに入る。肩を入れ始める
2. 左足を軸にパワーを引き出す。このパワーを上半身に伝えていく
3. フォワードスイングに入る。下半身の動きを先行させる。背筋を立て、軸をしっかりさせる

Advice 肩の入れ替えのポイントは"軸"

背筋を立てて、体の軸がしっかりできれば、肩の入れ替えは自然と行われるようになる

肩を入れ替える

4 下半身の回転を上半身に伝えながら、肩を入れ替える

5 軸をしっかりさせて、しっかり振り切る

6 フォロースルーではラケットは自然と体に巻きついてくる

⑤ 片手打ちバックハンドの基本

グリップチェンジをして右足軸で打つ

グリップ

片手のバックハンドの場合は、グリップをフォアから握り変える必要があります。

なぜなら、フォアハンドのままのグリップでは、手首が打つ方向に向いていて、ラケットを後ろから押す力が手の指先だけにしかないために、パワーが生まれないからです。

また手首が打つ前方にあると、インパクトで手首が外に折れて小さな円運動を起こし、パワーが出ないうえにラケット面が安定しません。

バック側にボールが飛んできたら、左手

1 左手でシャフトを持ってフォア側から握り替える

2 左足でスタンスの支点を決める

3 軸足の右足をかかとから踏み出す

4 フォワードスイングに入る。手首の角度をキープ

でシャフトを持ってラケットを動かし、グリップチェンジをします。どのくらいの幅で動かすかの目安は、体の前約30cmにラケットをセットして、そこで楽に握る形がインパクトですから、その形が正しい握り替えのグリップになります。

右足軸

　片手バックハンドの場合は、右肩がスイングの支点になりますから、軸足は右肩の下の右足になります。
　両手打ちをしていて片手打ちに直した選手の中には、後ろ足を軸に打つこともありますが、これは例外です。

体の回転

　片手のバックハンドの動きは、日常生活にないため、なかなか力が入りません。腕の力では強いショットは打てませんので、体の回転（遠心力）で打ちます。右足を軸（コンパスの芯と同じ）にして、左足の裏を反らして左の膝が右の膝の後ろに入ってくるように動かし、その力を利用して右足の軸を中心に回転するのです。

ラケットの動き

　ラケットは、体の回転軸に沿って動きます。手首を左腰の後ろにセットし、体の回転とともに体の線に沿って振られていきます。

5　右足を軸足に下半身から回転を始める

6　右肩を支点に体を回転させる。できるだけ遠心力を活用する

7　体の回転軸に沿ってラケットを動かす。手首の角度をキープ

8　右足で立って、手首の角度は最後までキープ

グラウンドストローク Part2

⑥ 片手打ちバックハンド・メカニズム

Backhand Stroke

手首の角度をキープして遠心力を使う

テークバック

　左足のつま先をネットに対して平行に置き、左手でシャフトを持ち、その左手でラケットを後ろに引くと同時に体を横向きに回して、右肩越しにボールを見るようにします。右足はかかとから、必要に応じてスクエアかクローズドに踏み込みます。片手バックハンドでは、オープンスタンスに踏み込むと腰が早く開いて力が入りませんので使いません。

　フォアハンドのテークバックのことを「ブランコを動かすように引く」と表現しましたが、バックハンドも同様です。バックのテークバックをもっとわかりやすく言うと、バケツに水を入れて勢いよく遠くに撒くときのイメージです。

フォワードスイング

　体の回転のところで述べた通り、フォワードスイングは右足を回転軸として左足でパワーを送り、体の回転（背筋も含めて）でラケットをボールよりも下から斜め上に振り出す動きです。

　大切なのは、スイング中、ラケットと腕の角度を常に90°に保っていることです。この角度が崩れると、急に力が入らなくな

1 左足のつま先をネットに対して平行に置く。左手でシャフトを持ちグリップチェンジ

2 体を横向きに回して、右肩越しにボールを見るようにする

3 右足のかかとからのステップイン。右軸足を決める

4 右足を回転軸にして、左足でパワーを送る

> ### Advice 腕はリラックス
> グリップはしっかり握り、手首がぐらつかないようにするが、腕は終始リラックス。肩を支点に、体の動きにまかせて遠心力がうまく使えるようにすることが大切。

ります。イメージとしては左足の膝でラケット面を押し出す感じです。

インパクト

インパクトでは、脇を締めて腕は体からあまり離さないようにします。ラケットを体の側を通して回転軸から離れないようにし、グリップは右腰の前（ネット寄り）20〜30cmのところで当てます。

グリップはしっかり握りますが、スイング自体は腕に頼らず、足、腰の回転のパワーにまかせるのが、楽に打つコツです。左手は右手が前にくると同時に後ろに開い

て、体の中心に対して左右対称になるようにしてバランスを保ちます。

フォロースルー

フォロースルーはフォアハンドと同様、インパクトで止まってもよいのですが、急に止められませんので、肘を伸ばして右上に振り上げ、ラケットヘッドを頭の上に持ってきて止めます。体は下半身の力を使って右足を軸として回転し、ちょうどネットに対して正面を向いたところで止めるとバランスが崩れず、次のショットへの対応もうまくできます。

| 5 腕に頼らず、足、腰の回転のパワーにまかせる | 6 左手は右手が前にくると同時に後ろに開く | 7 体を中心にして、左右対称にバランスを保つ | 8 フィニッシュでは体を正面に向ける |

Ground Stroke

1) グラウンドストロークの回転による種類

ボールの回転は3種

グラウンドストロークを打つ際のボールの回転には3種類あります。回転のないフラット、順回転のトップスピン、逆回転のアンダースピン(スライス)です。

それぞれ特徴があり、使い分けられるようになると、テニスの幅がぐっと広がることになります。

フラット

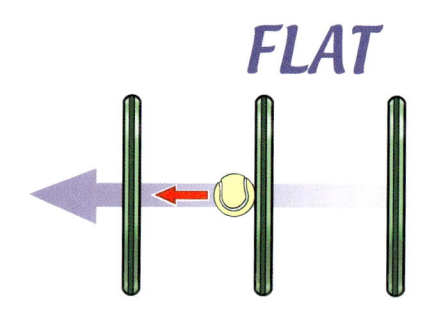

FLAT

フラットはボールに回転を与えず、真後ろから押すように打ちますが、厳密にはまったくボールに回転を与えないことはむずかしく、実際には少し順回転か逆回転がかかっています。フラットは空気抵抗が少なくなり、スピードは一番速くなります。
一方、回転が少ない分、コントロールがむずかしいショットです。打ち方は、グリップはイースタンでラケットヘッドをやや上げて体を横向きにすると同時に、ボールの後ろにテークバックをし、体を正面に向けると同時にラケットも地面に水平に振ります。フォロースルーは腕を打ちたい方向に伸ばしてフィニッシュ。速いボールで攻撃するときに使います。

	ボールの回転	グリップ	打点	軌道	主に使うショット
フラット	回転がない	イースタン	腰の高さ	ほぼ水平	速いボールで攻撃するとき
トップスピン	順回転	イースタン、ウエスタン	腰と膝の間の高さ	下→上	様子を見てラリーを続けるショット、アングルショット、パッシングショット、エッグボール、攻撃的ロブなど
アンダースピン	逆回転	イースタン、イングリッシュ	腰と膝の間の高さ	上→下→上	追い込まれたショット、ペースを変えるショット、ロブ、ドロップショットなど

Advice

多彩なショットを打てることは大事なことだが、一番優先しなければならないのは安定したショットが打てること。まず、自分にとって安定したショットを確実に身につけて、そして1つ1ついろいろな回転のボールにトライしてみよう。ボールをラケットで操れるようになると、テニスがもっと楽しくなる。

トップスピン

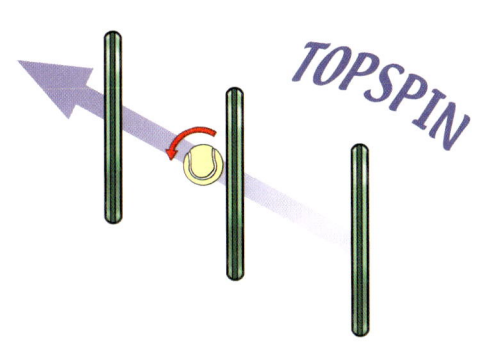

トップスピンはボールに順回転を与えるショットで、ネットの上を高く通しても下へ落ちる力が強いので安全です。グリップはイースタンかウエスタンで握ります。

フォアハンドでは右足に重心を乗せて軸をとり、体を後ろに捻る動作を入れて、スイングをフラットよりも大きくします。インパクトは右足の捻り戻しを利用して、グリップを腰に乗せるイメージで、体の回転とともにラケットをボールよりも下から出して、右腰の30cmくらい前で当てます。フォロースルーでは腰の回転にまかせて、ヘッドを体に巻きつけるようにして、左右の肩が入れ替わってフィニッシュになります。

様子を見てラリーを続けるショット、アングルショット、パッシングショット、エッグボール（コート深くに入った重いボール）、攻撃的ロブなど、ストロークの中で一番多く使う打ち方です。

アンダースピン（スライス）

アンダースピンはボールに逆回転を与えるショットで、スイングを大きくしなくても浮力がつきます。追い込まれて十分なスイングができないような場合でも、返すことができるショットです。
フォアハンドのグリップはイースタンかイングリッシュで薄く握り、ラケット面が上を向きやすい状態にしておきます。テークバックはラケットヘッドを上げて、右足に重心をとり、右肩を支点として後ろから前への重心移動で行います。スイングは大きな中華鍋の底をなぞるように上→下→上へと行い、フィニッシュは前へ押し出して、ラケットヘッドがやや上がった状態で止めます。後ろの膝を曲げてラケットを押し出し、膝はそのまま前（右）膝の後ろに入ってくるようにして終わります。
追い込まれたショット、ペースを変えるショット、ロブショット、ドロップショットなどに用います。

Ground Stroke

② フラットのストローク

ボールコントロールがむずかしいが攻撃的

フォアハンド

1. ラケットヘッドをやや上げて体を横向きにする
2. ボールの後ろにテークバック
3. ラケットを水平に動かし始める
4. 体を正面に向けながらラケットも地面に水平に振る

バックハンド

1. ラケットヘッドをやや上げて体を横向きにする
2. ボールの後ろにテークバック
3. ボールを肩越しに見る
4. ラケットを水平に動かし始める

Point

[1] ボールの後ろにテークバックし、体を正面に向けると同時にラケットも水平に振る。
[2] 腕を打ちたい方向に伸ばしてフィニッシュする。
[3] 速いボールになるので攻撃するときに使う。

グラウンドストローク Part 2

5 フォワードスイングでは腕を打ちたい方向に伸ばす

6 真後ろからラケットを押すように、できるだけ腕を伸ばしていく

7 手首の角度を変えないようにフィニッシュ

8 ラケットは自然に首に巻きつくようになる

5 体を正面に向けながらラケットも地面に水平に振る

6 フォワードスイングでは腕を打ちたい方向に伸ばす

7 真後ろからラケットを押すように、できるだけ腕を伸ばしていく

8 手首の角度を変えないようにフィニッシュ

③ トップスピンの ストローク

Ground Stroke

ストロークの中で一番よく使う打ち方

フォアハンド

1. グリップはウエスタンで厚く握る
2. 右足に重心を乗せて軸をとる
3. テークバックでは体を後ろに捻る動作を入れて、フラットよりも大きくする
4. 体の回転とともにラケットをボールよりも下から出す

バックハンド

1. 肩を入れてテークバックする
2. 左足に重心を乗せて軸をとる
3. テークバックでは体を後ろに捻る動作を入れる
4. 体の回転とともにラケットをボールよりも下から出す

Point

[1] 体を後ろに捻る動作を入れて、フラットよりも大きいテークバックをとる。
[2] インパクトでは右足の捻り戻しを利用し、グリップを腰に乗せるイメージ。
[3] フィニッシュはラケットヘッドを体に巻きつけるようにする。

グラウンドストローク Part 2

5 インパクトは右足の捻り戻しを利用
6 グリップを腰に乗せるイメージで打つ
7 右腰の30cmくらい前で当て、フォロースルーでは腰の回転にまかせる
8 ラケットヘッドを体に巻きつけるようにして、左右の肩を入れ替える

5 インパクトは左足の捻り戻しを利用
6 左腰の30cmくらい前で当てる
7 フォロースルーでは腰の回転にまかせる
8 ラケットヘッドを体に巻きつけるようにして、左右の肩を入れ替える

Ground Stroke

④ アンダースピンのストローク

追い込まれたときに有効活用できる

フォアハンド

1. グリップはイースタンかイングリッシュで薄く握る。ラケット面が上を向く
2. ラケットヘッドを上げて、右足に重心をとる
3. 右肩を支点とする
4. 右肩を支点として後ろから前へ重心移動する

バックハンド

1. ラケット面が上を向くグリップにする
2. ラケットヘッドを上げて、左足に力を溜める
3. 肩越しにボールを見て、右足をかかとから踏み込む
4. 右肩を支点として後ろから前へ重心移動する

Point

[1] グリップはラケット面が上を向きやすい状態にしておく。
[2] スイングは上→下→上、フィニッシュは前へ押し出す。
[3] フィニッシュでは後ろの膝を曲げて、前膝の後ろに入れて終わる。

5	6	7	8
インパクトは上から下へ	フォワードスイングは下から上へ	フォロースルーではラケットを前へ押し出す	フィニッシュではラケットヘッドがやや上がった状態で止める

5	6	7	8
インパクトは上から下へ	フォワードスイングは下から上へ	フォロースルーではラケットを前へ押し出す	フィニッシュではラケットヘッドがやや上がった状態で止める

グラウンドストローク Part 2

⑤ グラウンドストロークのコースの打ち分け

Ground Stroke

わずかな打ち出し角度の差でコースを変更できる

　グラウンドストロークでコースを変える、打ち分けることは、「大変なこと!!」と考えている人が多いのではないでしょうか。
　下の写真を見てください。クロスとストレートの打ち出し角度は、わずか30°の差です。

　少しのラケット面の操作とフットワーク、スイングの仕方で、クロス、ストレートは打ち分けていけるのです。
　スタンスを決めて、打ちたい方向にラケット面を運ぶことを優先して打っていきましょう。

クロス
ストレート
約30°

打ち出し角度の差は約30°。ストレートとクロスを打ち分けるためには、そほど大きな違いがあるわけではない微妙なラケットの動かし方を覚えよう

■クロスに打つ場合

ストレートラインより約30°内側に向けたラケット面で打っていく。打点は少し前になる

■ストレートに打つ場合

ボールを少し引き込み、遅れ気味のタイミングで打ち抜く。ネットの高さがセンターより高くなっているので、ネットしないように要注意!!

グラウンドストローク Part 2

ストロークをしっかり打つために

初級のうちは速いボールよりも安定性のあるボールを求める必要がありますが、ある程度レベルが上がってきたら、速くてしかも安定したボールを打てるようにしたいものです。

そのショットを打つための共通したコツがあります。それは腰の安定です。

ボールが来たら、まずネットに対して腰を横向きに座らせ、腰は動かさずに、上半身だけさらに後ろに捻り込みます。インパクトは上半身の捻り戻しだけでラケットにボールを当て、当たってからは下半身と上半身が一緒に回っていくようにします。

このようにすることで力のタメができ、また、インパクトまで下半身を動かさないことによって重心のブレがなくなり、ボールを引きつけて打つことになるわけです。

しっかりとボールをとらえて、重くて速く、しかも安定したボールを打てるようにしましょう。

コラム

Part 3

誰にもじゃまされることなく、自分のペースで打つことができるサービス。
そして、勝敗の行方を大きく左右するサービスリターン。
グラウンドストローク同様、しっかり身につけなければならない技術です。
サービス、リターンの上手な人は、
試合を優位に進めることができますので、確実に覚えてください。

サービス＆サービスリターン
Service & Service Return

1) サービスの基本 ①

Service

オーバースローの遠投と同じ

　野球のオーバースローのボール投げは、体を横に向け、後ろ足に重心を乗せてその足で地面を蹴って体を正面に向け、胸筋を張ります。

　その後、肘が前へ出て、最後にスナップを効かせてボールを投げ、フィニッシュでは左右の肩が入れ替わって左足に重心が乗ります。右足は楽に太ももから上がっています。

　サービスはこれと同じ動作で行います。

■オーバースローの遠投

1　体を横に向けオーバースローの構えをとる
2　右足に重心を乗せ、左足を上げる
（3〜4）右足で地面を蹴って、体を正面に向けていく動作に入る

■サービスは遠投と同じ

（1〜2）構えの姿勢から右足に重心を乗せて、ラケットを上げていく
（3〜4）左足に重心を乗せ替える

Advice

サービスは腕の力を抜いて遠心力で打つ

サービスはラケットヘッドを速く動かして、その遠心力でボールを飛ばす。例えば、糸の先に重りをつけてぐるぐる回すと、糸は直線になって円を描く。重りがラケットで糸が腕。握り締めないグリップにして、腕の力に頼ることなく、ラケットの遠心力が強くなるように振れるかが、速いサービスを打てるかどうかの分かれ道だ。グリップを強く握らず、手首が柔らかく使えるようにしよう。

(5〜6) 胸筋を張って、左右の肩を入れ替える

左足に重心を移す

左足に重心が乗ると、右足の太ももは上がる

胸筋を張って、左右の肩を入れ替える

体を正面に向けるタイミングは、遠投と共通している

左足に重心を移し、手首のスナップを効かせる

左足に重心が乗ると、右足の太ももは上がる

2) サービスの基本②

サービスは打ち上げる。上からの打ち下ろしではない

　身長が2m10cm以上の人でない限り、ボールを上から下に打ってサービスライン内に入れようとすることは不可能です。必ずネットにかかります。

　トップクラスの選手でも、ボールは上から下には打っておらず、後ろから前に打ち、ボールの回転、空気抵抗、地球の引力、気圧を利用・計算して、下から上へ打っているのです。

　そして、基本の動きはピッチャーや野手の投球フォームと同じですから、体を横に向けてから、正面に向く力を利用するのはストロークと同じです。ストロークとの違いは野球でいえば、サイドスローとオーバースローの違いです。

　サービスはこれと同じ動作で行います。

1 体を横に向け、トスアップを始める

2 右足に重心を乗せ、オーバースローの投球フォームを作る

3 左足に重心を移して、地面を蹴り始める

4	5	6
胸筋を張り、ボールを打ち上げる体勢をとる	腕の力を抜いて、体を正面に向ける	遠心力を使って、ラケットを振り抜いていく

サービス＆サービスリターン Part 3

Service

③ 基本のグリップはコンチネンタル

手首を柔らかく使ってボールに威力をプラスする

　サービスは、上から落ちてくるボールを打ちます。その時点ではボールそのものにはまだ威力や反発力がありませんから、ラケット自体のスピードを上げて、ボールにパワーを加える工夫が必要です。そのために手首のスナップを効かせてヘッドスピードを上げます。手首を使っても、ボールに威力がありませんから、手首が負けてしまうようなことはありません。

　このような理由から、ヘッドスピードを上げるグリップ、スピンやスライスをかけるための手首が柔らかく使えるグリップが必要です。適しているのがコンチネンタルグリップです。

ヘッドスピードを上げるグリップ、手首を柔らかく使えるグリップはコンチネンタル

手首の使い方

　手首の使い方はまさに金づちの使い方です。高い壁に釘を打つときの手首の使い方をそのまま応用すればいいのです。
　ただし、そのままラケットを出すとフレームでボールを打つことになってしまいますので、インパクトの直前に手のひらを外に向かって開くプロネーションという動作を行い、ボールに対してフラットのラケット面が出るようにします。

高い壁に釘を打つときの手首の使い方をイメージする

手のひらは外に向かって開かれて振り下ろされる

■薄いグリップ
可動域が広いグリップがおすすめ

■厚いグリップ
可動域が制限されてしまう

手首の使い方・練習法

ネットに正対し、左足前、右足後ろにしてラケットを振り上げて、金づちを振り下ろすようにネットを叩く。このとき、ラケット面がネットを叩くようにする動きがプロネーション。これを空中で90°上げたところがインパクトだ

4) サービススイングの基本①

Service

サービスの第1の決め手はトス

足の向きと幅

　サービスの基本姿勢です。まず、自分の立っている位置からサービスを入れる場所に線を引き、その線上に両方のつま先を乗せます。その際、右足のつま先の向きの角度は、ネット（打つ方向）に平行から60°の間、左足のつま先はネット（打つ方向）に対して45°の角度にします。スタンスの幅は、肩幅くらいの広さにするのが基本です。

ラケットセッティング

　足の位置が決まったら、体は足の向きに合わせてリラックスして立ちます。ラケットはヘッドを打ちたい方向に向け、グリップをおヘソから左腰の前にセットします。左手はボールを持ってラケットのシャフトに添えます。

足の向きと幅

- 右足のつま先はネットに平行〜60°の間
- スタンスは肩幅くらいの広さ

ラケットセッティング

- 左手はボールを持ってラケットのシャフトに添える
- グリップはおヘソから左腰の前にセット
- ラケットヘッドを打ちたい方向に向ける
- 左足のつま先はネットに対して45°

トス（スローアップ）

　ボールの投げ上げをトス、またはスローアップといいますが、左手でボールを投げるときのように握ります。サービスがうまく打てるかどうかは、このトスの良し悪しにかかっています。

　トスするボールをラケットとともに体の近くにセットしたら、両腕一緒に、肘が伸びるまで下に下げます。同時に体を横に向けてラケットヘッドを楽に下ろしたら、この体を横に向ける動作を利用して、左手をエレベーターのようにまっすぐ上に上げ、一番上がったところで、ボールをていねいに投げ上げ、手から離します。

　ボールの投げ上げる高さは、ラケットをいっぱいに伸ばした高さよりも30～50cmくらい上になります。位置は、体が正面を向いた右肩の前40～50cmくらいの場所です。左手を横に伸ばしてトスアップをして、右肩の前にボールが来るようにするためには、ボールが体の右から斜め前に動くように上げるということです。

　ボールが少し前に進んでいるときに打つと、体が正面を向きやすく、なおかつ右腕が伸びやすくなるため、楽にパワーを発揮することができます。

　グッドサービスはいいトスで決まります。自分で時間を作って練習しましょう。

■ トスボールの握り方

親指、人差し指、中指の3本で、力を入れすぎずにやさしく握る

1. するボールをラケットとともに近くにセット
2. 両腕一緒に、肘が伸びるまで下に下げる
3. 同時に体を横に向けてラケットヘッドを下ろす
4. 体を横に向ける動作を利用して、左手をエレベーターのように上げる
5. 一番上がったところで、ボールをていねいに投げ上げる
6. 手からボールを離す

NG

左手を前（ネット方向）に伸ばしてトスをすると、トスしたボールが体のほうに戻ってくることがある。そうなると頭の上で打つことになり、腕も前に伸びないので、窮屈な打ち方となり、威力が出ない。

⑤ サービススイングの基本②　Service

右肩を支点としてブランコのように遠心力を活用する

テークバック

　トスと同時にラケットをブランコのように楽に下ろし、下まで下りきったらその反動でヘッドが上がってきます。腕が肩の高さまで上がったら肘を折り、手首をやや内側に折って、ラケットヘッドを背中に下げて膝を曲げます。

フォワードスイング

　フォワードスイングでは左足の母指球で地面を押し、膝を伸ばし体は横向きから正面向きに変える力で、ラケットを背中で回して引き上げます。その際、体は正面を向いても腕は前に出さず、肘を胸と一直線に保ったまま正面を向き、胸と肘に後ろに引っ張られるような張りを作ります。

インパクト

　張りを作ったまま正面を向いて肘を開放すると、ラケットヘッドは勝手にスピードを上げて前に出ます。肘は張られた状態から伸ばすだけですから、肘は耳から20cmくらい離れたところを通ります。
　「腕が耳を擦るくらい上に上げる」。こんな表現をすることもありますが、腕

テークバック

1 右肩を支点としてブランコのように遠心力を活用

2 ラケットが肩の高さまできたら肘を折り始める

3 手首をやや使う

Advice

初心者はボールをトスするときに、膝も伸ばしてしまい体が上へ上がってしまうことがある。そうなると筋肉も伸びてしまい、打つときにパワーが出なくなる。トスでは膝は伸ばしたまま楽にし、トスが上がってからボールを打つパワーを溜めるために膝を曲げるようにしよう。

曲がった膝にパワーが込められている

を耳に近づけすぎると力は入らなくなります。

インパクトは右肩の前40cmくらいで、頭の上ではないことを覚えておいてください。ラケットが前に振り出されてから当たると威力が出ますが、頭の上で打とうとすると、ラケットが動き始めてすぐのところで打つことになり、十分なパワーを出せません。

ボールは地面に平行に打つくらいの気持ちで打つと、サービスボックスの中に入ります。上から下へのスイングはしないようにしましょう。また、インパクトではボールから目を離さないようにすることで、体軸が保てスピードのアップもできます。

サービスもストロークと同様に、インパクトまでの動きが大切です。腕を楽にしてインパクトまでにラケットのヘッドスピードを最大限に上げます。ムチのようにしなやかに腕を使うことでヘッドスピードを上げることができます。

フォロースルー

腕を前に出してボールを打ったら、そこで終了でよいのです。しかし、急には止められませんので、体の縦の線に沿って楽に振り下ろします。基本では、打ったラケット面は体の側を向いて終わります。

フォワードスイング
ラケットを背中で回し左足の母指球で地面を押す

インパクト
肘を開放してパワーを出しインパクト。ボールから目を離さず体軸を保つ

フォロースルー
体の縦の線に沿って楽に振り下ろす

⑥ いろいろなサービスの打ち方

Service

自分のリズムと考え方で打てる大切な技術

フラットサービス

グリップはコンチネンタルかイースタン。ボールに回転を与えないため、一番スピードが出ます。両足は打つ方向の線上につま先を置き、ボールは右肩の前にトスします。インパクトでは左足、左腰、右肩、右腕がまっすぐになるように当て、ラケットは縦に振ります。

スライスサービス

グリップはコンチネンタル。ボールの右側を擦って横回転を与え、ボールを左に曲がらせます。両足はスクエア（フラットと同じ）かややオープンにし、トスは右肩よりも15〜20cm右に上げます。重心を後ろから左足に乗せ、ボールの右側を擦って、フォロースルーでラケットヘッドを左足の後ろまで長く行うことで、横回転が強くかかります。

スピンサービス

グリップはコンチネンタルかそれよりもやや薄く握ります。ボールにトップスピンを与え、ネット上高く通して安全にサービスボックスに入れます。サービスボックスに入ったあと高く弾むので、相手が打ちにくく、時間を稼ぐこともできます。

両足は打つ方向に対してクローズドに置き、トスはベースラインに沿って頭の後ろになるように上げ、ラケットヘッドを下げ、体は横向きのまま、ボールを下から上に擦り上げます。左脚1本の膝の伸ばし上げのパワーで打ち、右足はバランスをとるために上に上げます。

インパクトに向かって肘を伸ばした後、手首と肘を内側に曲げて空中を掻くようにすると、スピンがしっかりかかります。ラケットのフィニッシュは右足の横に下ろすことでスピンが強くかかります。

種類	特徴
フラットサービス	ボールに回転を与えないので一番スピードがある
スライスサービス	ボールの右側を擦って横回転を与え、ボールは左に曲がる
スピンサービス	ボールにトップスピンを与えてネット上高く通し、高く弾む

■フラットサービス　　■スライスサービス　　■スピンサービス

［コンチネンタルかイースタン］　［コンチネンタル］　［コンチネンタルからやや薄く］

回転がない　　右回転　　斜め右回転

［平行スタンス］　［オープンスタンス］　［クローズドスタンス］

⑦ サービスの球種と効果的なコース

Service

球種によって打ちやすい、コントロールしやすい、効果的なコース

　サービスは、それぞれの球種によって、打ちやすい効果的なコースがあります。

　フラットサービスは、デュースコートではセンターと体の正面、アドバンテージ(アド)コートではワイドか体の正面。スライスサービスは、デュースコートではワイド、アドバンテージコートではセンター。スピンサービスは、デュースコートではセンター、アドバンテージコートではワイド。いずれもコントロールしやすく、効果的です。

■フラットサービスの効果的なコース

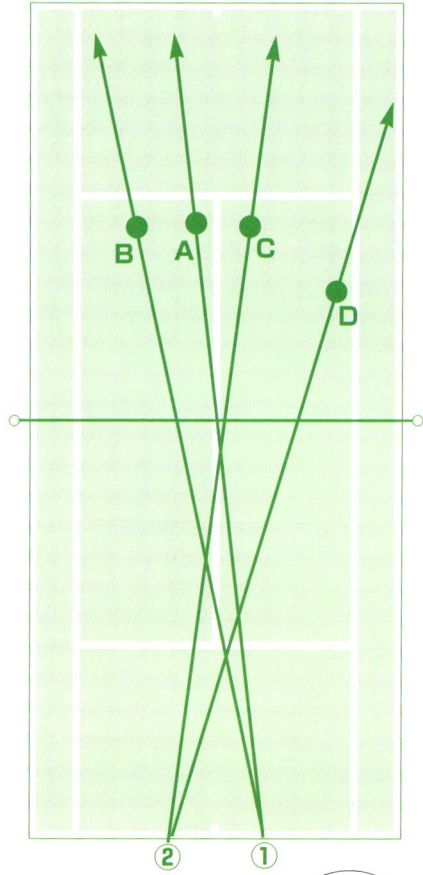

- ①のデュースコートではAのセンターとBの体の正面へ
- ②のアドバンテージコートではDのワイドかCの体の正面へ
- 以上のいずれのターゲットも、フラットで打つ際、力が入りやすくスピード、コントロールともにしやすい

■球種は3種

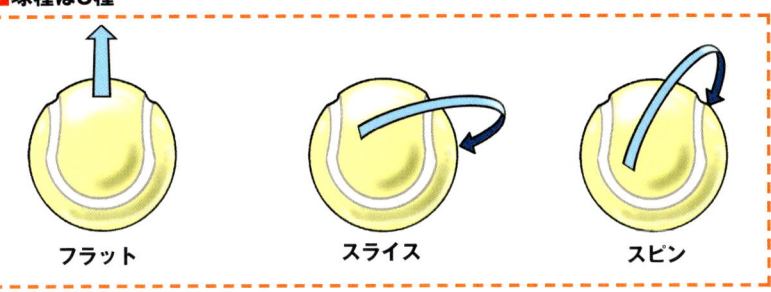

フラット　スライス　スピン

■スライスサービスの効果的なコース

■スピンサービスの効果的なコース

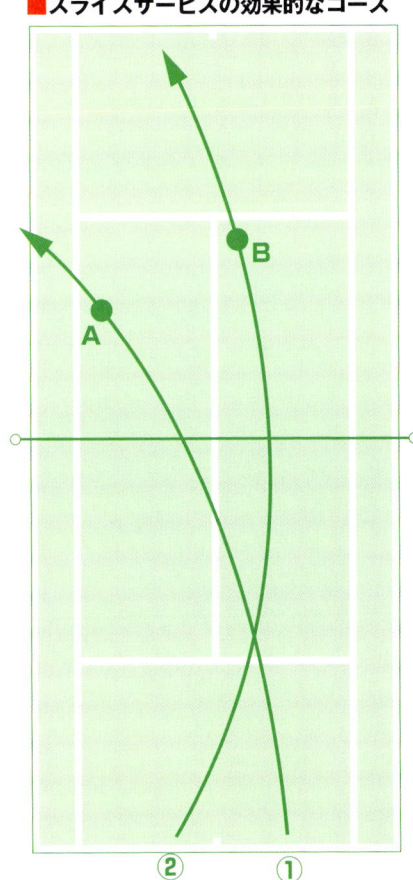

- ①のデュースコートからはAのワイドへ
- ②のアドコートからはBのセンターへ
- 以上のターゲットはスライスがバウンド後、相手から離れていく
- 特にAは相手をコートの外に追い出せる

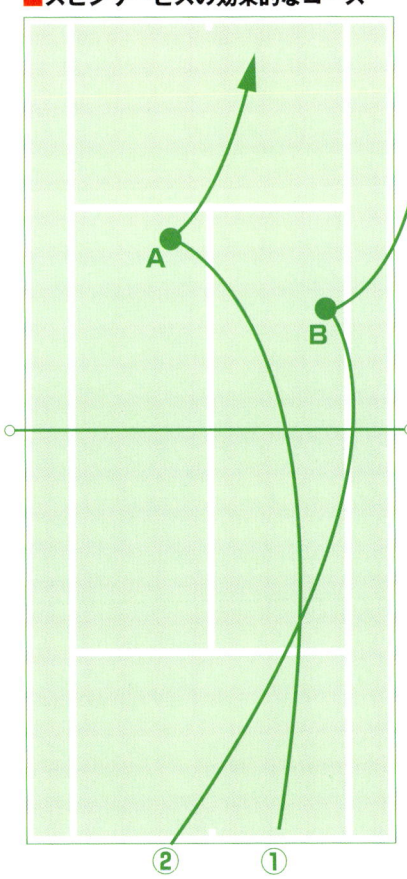

- ①のデュースコートからはAのセンターへ
- ②のアドコートからはBのワイドへ
- 以上のターゲットへスピンを打つと、相手のバックハンド側に高くはねて打ちにくい
- また、Bは相手をコートの外へ追い出すことができる

サービス&サービスリターン Part 3

① サービスリターンの打ち方

コンパクトなスイングが正確なリターンの決め手

　テニスの試合では、サーバーが主導権を握ってコース、回転、スピード、打つタイミングなどを決めて打ってくるので、レシーバーは呼吸も含めて、すべてをそれに合わせなければなりません。

　そのために、構えは最初からパワーポジションをしっかりとります。腕の力を抜いて低く構え、相手がラケットにボールを当てた瞬間にジャンプ（スプリットステップ）してリズムを合わせると同時に、着地したときにさらに地面を押して、飛び出せる用意をします。サーバーの打球に合わせるので、大振りをしては間に合わないケースがあります。どのようなサービスにも対応できるように、サービスリターンはコンパクトなスイングを心がけます。

1 相手がラケットにボールを当てた瞬間にジャンプしてリズムを合わせる

2 着地したときは地面を押して、飛び出せる用意をする

3 軸足を決める

NG

大振りはミスの原因になる

とくに速いサービスのときは、大振りをしてしまうとミスにつながる。ボールをラケットでブロックする感じが大切になってくる。

相手サービスのスピードに押されて、ラケット面が不安定になっている

■ テークバック

横から

パワーポジションをしっかりとって低く構える。腕の力を抜いて

4 コンパクトなテークバックをとる

5 サーバーの打球に合わせるので、大振りをしない

6 フォロースルーもコンパクトなスイングを心がける

サービス＆サービスリターン Part 3

Service Return

② 遠いボールのリターン

スプリットステップのあとは大きなステップで調整する

フォアハンド

1. パワーポジションで構える
2. スプリットステップを入れたら、軸足を決める
3. 1歩で大きな水溜りを飛び越すように大きなステップで合わせる

バックハンド

1. パワーポジションで構え、スプリットステップを入れる
2. 大きなステップをして軸足を決める
3. 大きなステップのパワーを利用してテークバック

体に遠いボールのリターンの場合は、スプリットステップを入れたら、軸足を決めて、足の下に大きな水溜りがあるのを1歩で飛び越すように大きなステップで合わせます。

そのパワーを利用して、上半身は立てたままコンパクトにスイングし、正確に返球することを優先して打っていきます。

4 大きなステップのパワーを利用してテークバック

5 上半身は立てたままコンパクトにスイングする

6 フォロースルーもコンパクトにし、次のボールに備える

4 軸足にパワーを溜め込んでコンパクトなスイング開始

5 上半身は立てたままコンパクトにスイングする

6 フォロースルーもコンパクトにし、次のボールに備える

③ 近いボールのリターン

Service Return

遠いほうの足を軸足に、ブロックして返球する

フォアハンド

1 パワーポジションで構えた後、スプリットステップを入れる

2 遠いほうの足を軸足に決める

3 膝を曲げて体を動かす準備に入る

バックハンド

1 パワーポジションで構えた後、スプリットステップを入れる

2 遠いほうの右足を軸足に決める

3 もう一方の足を後ろ側にし、オープンに引く

体に近いボールのリターンの場合は、ボールに遠いほうの足を軸足にします。そして、軸足の膝と腰を曲げて、懐を深くとり、体の中でラケットを振れるようにして、脇を締めてブロックして返します。

| 4 ラケットを体の中で振れるように懐を深くとる | 5 脇を締めてブロックして返す | 6 フォロースルーはコンパクトにし、次のボールに備える |

| 4 ラケットを体の中で振れるように懐を深くとる | 5 脇を締めてブロックして返す | 6 フォロースルーはコンパクトにし、次のボールに備える |

うまくなるために試合を見る

　テニスをレベルアップさせるためには、うまい選手のプレーを見ることも大切です。プロの試合を見る機会を作り、そのプレーを自分の体にコピーするのです。

　見方としては、まずコート全体を見わたして、ボールが行き来するスピード感、リズム感を体で感じ、その感覚を養います。そして次に、1人の選手だけを見てフットワーク、スイング、打ったあとの動きや構えを見ます。ただボールの行方だけを追いかけて見ているよりも、ずっと脳に刺激を与え、効果的なイメージトレーニングになります。

　うまい選手のプレーをじっくり見たあとに、今度は自分でプレーしてみてください。普段よりもよい当たりをすることに気づくはずです。

コラム

Part4

ネットの近くに立って、バウンドする前のボールを直接打つボレー。
ネットより高く打ち上げられたボールを高い打点で力強く打ち込むスマッシュ。
ネットプレーは攻撃的でとても華麗です。
軽快なフットワークを身につけて、
ポイントに結びつくネットプレーを習得しましょう。

ボレー&スマッシュ
Volley & Smash

Volley

1) ボレーとは？

ボレーはストロークで速いボールを打つのと同じ効果

　ボレーはネットの近くに立ち、コートにボールをバウンドさせずに打つショットです。相手との距離が近づきますので、ボレーで返球するということは、ストロークで速いボールを打つのと同じと考えていいのです。

　ボレーの立ち位置とストローク時の立ち位置との距離の差分×2、つまり、ボールの往復分、ストロークよりも早く相手に返球することになります。言い換えればそれだけ速いボールを打っているのと同じことです。

　したがって、強打しなくても早く、速いボールを返していることになるのです。

　ボレーはネットに近く構えるため、次のようなことを考慮する必要があります。
①相手との距離が近いのでラケットを大きく振る余裕はない
②バウンド前に打たなければならないので相手のボールに威力がある

　以上のことから、ボレーはコンパクトなテークバックで、しっかりラケットの芯に当てさえすれば、威力のある速いボールが自然に返球できるのです。

　大きく振りすぎないこと、つまり"コンパクト"を心がければ、ナイスショットが打てるようになります。

Advice

[1] ボレーは、大きなスイングで打つのではなく、ストロークで速いボールを打つのと同じ感覚が大事。
[2] ボレーはネット近くに構えているので、大きく振る余裕がないことを覚えておく。
[3] バウンド前のボールは威力があるので、スイートスポットでしっかりとらえることを忘れずに。

■ネットとの距離

ネットとサービスラインの中間あたりがボレーの基本ポジション

肩の力を抜いて　　大きく振らない　　速いボールを打つ感覚で

1 左手でラケットのスロートを持って、力を抜いて立つ

2 コンパクトなテークバック。引きすぎないこと

3 ラケット面をしっかり作って、ラケットの芯で当てる

Volley

② 山なりに打ち合うことから始める

利点の多いアンダースピンのラケット面を覚える

　ボレーで打つ球種は、ほとんどアンダースピンです。ですから、基本は、ゆっくり山なりになるボールで打ち合うことから始めるほうが、アンダースピンがかかりやすく、楽に打てるようになるのです。

　グリップは、ラケット面が上を向いてアンダースピンがかけやすいコンチネンタルが望ましいのですが、最初はイースタンでもかまいません。

■山なりボールで打ち合う

アンダースピンを習得するためには、サービスコート内で山なりボレーでラリーを練習するといい

■球種はアンダースピン

UNDER SPIN

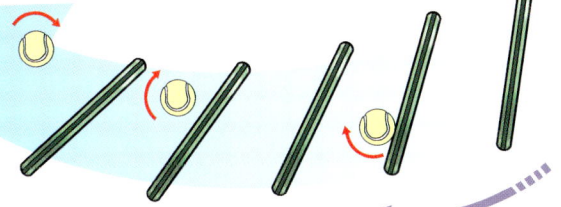

Point

アンダースピンの利点
① スイングが短くてすむ
② ラケットにボールを乗せるので長短・強弱がつけやすい
③ ドロップボレーも同じ面でできる
④ 体勢が崩れても面を作るだけで返球できる

ラケット面が上を向いていたら、ラケットにボールを乗せることができ、コントロールが効く

グリップ

グリップはコンチネンタルがいい。ラケット面を上向きにしやすい

③ 構え

瞬間的に飛びつける体勢を作る

横から

- 背すじは伸ばす
- 目線は相手のラケットに
- ラケットをやや立て、左手はスロートに
- 膝を軽く曲げ重心を下げる
- かかとを少し上げ、どこにでも飛び出せるように

前から

瞬間的に飛びつくことができるパワーポジション。獲物を狙うように構えること

Volley

肩の力を抜いて、いつでも瞬間的にボールに飛びつける構え（＝パワーポジション）を作ります。

相手に抜かれないようにするために、ボールがどこに飛んできても必ず取る、そんな強い気持ちで構えることを忘れないでください。

相手が打つ瞬間にスプリットステップを入れて、深いパワーポジションをとるようにしましょう。

Advice
[1] どこにでも飛びつくことができる体勢（＝パワーポジション）をまず準備する。
[2] スプリットステップを必ず入れる習慣づけが大切。

■スプリットステップを入れる

1. 相手が打つ瞬間に軽くジャンプする
2. ボールに合わせて構えの体勢に入る
3. 深いパワーポジションをとる

④ フォアハンドボレー・メカニズム①

上→下→上のガツンと当てないスイング

　フォアハンドボレーのスイング全体は、グリップが大きな中華鍋の底をなでるように、上→下→上へと楽にスムースに振る感じです。肩に力を入れてガツンと直線的に打つと、衝撃が強すぎてコントロールができない場合がありますので、ラケットにボールを乗せる感覚で打ちましょう。

　腕をやや伸ばしたまま、胸筋を開き、腕を前へ振らずに体を正面に向ける力でそのままボールに当てます。その際、手首を使って少しパンチを利かせ、グリップ（特に小指）はぐらつかないように締めるようにします。ただし、強くガツンと当てるのではなく、あくまでもボールをラケットに乗せるつもりのほうがうまくいきます。

テークバック2種

■体のターンで引く

1. 肩の力を抜いて構える。ラケットヘッドを上げ、手首の角度は120°
2. 右足のつま先をネットに対して平行にする
3. 足の向きに合わせて体をターンしてラケットを引く。手首の角度はキープ

■肩から腕だけで引く

1. 肩の力を抜いて構える
2. 肩から腕だけでラケットを引く準備をする
3. 体で引くのと同じようにラケットヘッドは上げておき、手首の角度は120°をキープ

⑤ フォアハンドボレー・メカニズム②

Volley

打ちたい方向に面を向けラケット面を残す

　フォアハンドの場合は右足軸から左足でステップインし、インパクトでは体の前で打ちたい方向へラケット面を向けていきます。腕を前へ振るのではなく、体を正面に向ける力でそのままボールに当てればいいのです。

　フォロースルーでは、ラケット面をインパクトの形をそのまま残すようにして、前方へのスイングはほとんどとりません。右手と左手を左右対称な動きにして、体の中心に締めてくるようにしてバランスをとると、無駄な力も入らず、効率よく打てます。

フォワードスイング

右足を軸足にする　　　　　　　　　**腕を前へ振らない**

1 腕をやや伸ばしたまま、胸筋を開く

2 体を正面に向ける力を利用してそのままボールに当てる

Advice

肘と手首で引き そのままインパクトする打ち方

もう少しコンパクトな打ち方もある。テークバックでは体をやや横向き（45°）にして、肘は脇に軽くつけたまま、肘と手首でラケットを後ろに引き、それをインパクトで戻すだけの打つ方法だ。ラケットヘッドは手首よりも上に保ち、腕は地面に水平に軽く動かし、インパクトでラケットを止めると体の中心に力が集まり、バランスを崩さずに楽に打てる。

肘は脇に軽くつけて、肘と手首で打つ感じだ

インパクト
体の前で打ちたい方向へ面を向ける

フォロースルー
スイング全体はややアウトサイドイン

3　手首は金づちを振るうときのように使って少しパンチを利かせる

4　ラケット面をインパクトのまま残す。体の軸を立てるとスイングがスムースになる

⑥ 基本のフォアハンドボレー

Volley

右手と左手でバランスをとって楽にボールを飛ばす

1. パワーポジションで構える
2. ラケットを上げてテークバック。手首の角度は120°
3. フォワードスイング。右足を軸に左足でステップインを開始する

体の前でインパクトをむかえ、打ちたい方向にラケット面を向けフォロースルーに移ります。インパクトの瞬間はグリップ(特に小指)をぐらつかないように締めますが、強くガツンと当てるのではなく、ボールをラケット面に乗せるつもりで打っていきます。ボールは意外と楽に飛んでいくものなのです。

4 腕をやや伸ばしたまま、腕を振らずに体を正面に向ける

5 インパクト。体の前で打ちたい方向へラケット面を向ける

6 フォロースルー。ラケット面をインパクトのまま残して、前方へほとんどスイングしない

Volley

7) 基本のバックハンドボレー

打点を前にするためにテークバックは早く

前から

1. 肩の力を抜いて構える
2. ラケットヘッドを上げて横を向く
3. 肘を軽く伸ばしてアウトサイドインの軌道をイメージする

横から

1. スプリットステップを入れて構えに入る
2. パワーポジションからラケットを引き始める
3. ラケットヘッドを上げて横を向く

基本のスイングはフォアハンドの逆になります。打点を前にするためにはテークバックを早めにしなければならないのですが、ラケットを早めに引けないケースが多々出てきます。注意が必要です。

スイングは、前に振ろうとすると手首の形が不自然になり、体も前に伸びたり、手首で押したりして、面が崩れやすくなります。フォアハンドよりももっとアウトサイドインのスイングにして、打った面を相手方向に残すようにすると、しっかりとしたインパクト面で打つことができます。

4 横向きのままインパクトをむかえる

5 手首の角度を保ったままフォロースルー

6 打った面を相手方向に残すようにしてフィニッシュ

4 アウトサイドインの軌道をイメージしてフォワードスイングに入る

5 ラケット面にボールを乗せるようにしてボールをコントロールしてスイング

6 打った面を相手方向に残すようにしてフィニッシュ

Volley

⑧ 両手打ち バックハンドボレー

グリップは右手主導に

ラケットを顔の前にセット

グリップは右手主導

1 相手のボールに備えて構える

2 ヘッドを上げて横を向く

3 肘を軽く伸ばしてアウトサイドからインへのスイングを準備する

両手打ちバックハンドボレーも、他のボレーと同じように、横向き、肘を軽く伸ばす、ヘッドを上げる、の基本を守って打っていきます。そして横向きのままラケット面にボールを乗せるようにして当てます。ラケットの軌道はアウトサイドイン。

　両手打ちでも遠いボールでは片手で打つことになりますので、グリップは右手主導にしておくほうがいいでしょう。
　インパクトではラケットがぐらつかないように、肘から先は力を入れてしっかり保つことが大切です。

肘を軽く伸ばす

スイングはアウトからインに

ラケット面を残す

4 ラケットヘッドを上げたままステップインする

5 ラケット面、手首の角度は変えない

6 打った面を相手方向に残すようにしてフィニッシュ

Volley

⑨ ハイボレー

チャンスボールだからこそ、慌てて打ちにいかない

フォアハンド

1. 相手のボールに対してパワーポジションで構える
2. 右足をステップインし、ラケットを上げて高いボールに備える
3. ボールに対してラケット面を準備する

バックハンド

1. バックサイドへ体を向け始める
2. 左足を大きくステップして軸足を決める
3. 体を回転させてラケットを十分テークバック

相手のボールが高く浮いてきたときに打つのがハイボレーです。このボールはチャンスなのですが、慌てて打ちにいくと、ボールの高さにつられて自分の腰も浮き上がって、力が入らない手打ちになりますから注意しましょう。

フォアハンドは右足で軸をとり、体を捻ってテークバックをしますが、腰は浮かないように膝を曲げたままインパクトに入ります。写真のように腰の高さが最初から最後まで変わらないようにすることで、安定したショットが打てます。

バックハンドは特に力が入りにくい場所なので、相手に背中を見せるぐらい体を捻って、後ろに力を溜めます。手首を折ってラケットヘッドを下げ、後ろ向きのままラケットを立てて、インパクトで止めるつもりで当てるとパンチが出ます。

ボレー&スマッシュ Part4

4 ラケット面をキープしながら手首を効かせる

5 ステップインして、打点はできるだけ前方のネット方向にする

6 インパクトのラケット面をキープして止める感じでフィニッシュする

4 ラケットを立てて高い打点にラケット面を合わせる

5 手首の角度を変えずにラケットを振り下ろす

6 ラケット面は打ちたい方向に向けて止める感じ

⑩ ローボレー

後ろの膝を曲げたままラケットは面を変えずに少し上に振る

フォアハンド

1. 相手のボールに対してステップを開始する
2. 低いボールに対して低い姿勢を準備する
3. 膝を柔らかく使って曲げる。手首の角度はキープ

バックハンド

1. 相手のボールに対して重心を低くして構える
2. 肩を入れてテークバック。ラケットは立てるようにする
3. 手首の角度をキープしたまま体勢を低くする

Volley

足元に打たれたボールを返すのがローボレーです。ネットの近くでボールをとらえ、ネットを越して浮かないように深く返球しないと、パスで抜かれる可能性が高くなる、技術的にむずかしいショットです。

フォアハンドもバックハンドも、終始重心を低く保ちます。重心を後ろ足に乗せて膝を深く曲げ、体を前傾させて肘を軽く伸ばし、ラケットヘッドを上げたまま小さなテークバックで入ります。

右肩を支点にブランコのようにラケットを動かし、ラケットでボールを下からすくい上げるようにスイングします。

前足は大きくステップインして、体がボールの下に入り込むようにしてラケットにボールを乗せます。

4 ボールの高さに合わせてラケットを下げる。面は少し上を向ける

5 ボールの下をラケット面でなでるようにしてボールをコントロール

6 ラケット面にボールを乗せるようにして運ぶ

4 ラケットをボールの高さに合わせて下げる。手首はしっかりキープ

5 ステップインしてボールをネット寄りでとらえる

6 ラケット面に乗せるようにしてボールをコントロールする

Volley

11) スイングボレー（トップスピンボレー）

グラウンドストロークを空中で打つ感覚

1 左肩を入れてノーバウンドのストロークを打つ感じ

2 体も回転させてパワーのタメを作る

3 下から上へスピンをかけるためにラケットを少し下げる

スイングボレーは、相手のボールが甘く浮いてきたときなど、ボールをバウンドさせずに前に出て打つ場合に使います。グラウンドストロークを空中で打つ感覚で、強く打つためにはトップスピンをかけます。

打ち方はグラウンドストロークのトップスピンと同じで、すばやくボールのところに動いたら、右足を横向きに決めて、ノーバウンドでスピンをかけて打ちます。

体をまっすぐに立て、ボールの下からラケットを出して、上に擦り上げるようにスピンをかけます。フットワークはその場で少し飛び上がって、体を回転させるつもりで打つとうまくいきます。

4 グラウンドストロークを空中で打つように大きくスイング

5 トップスピンを打つ感じでヒットし、フォロースルー

6 その場で少し飛び上がって、体の回転を使って打つ

Volley

12》アングルボレー

ラケットを立てたまま、少しアウトサイドインに振るつもりでスイングする

フォアハンド

1. ラケットを立てて準備に入る
2. 手首の角度もキープする
3. アウトサイドインのスイング軌道にするためにラケットをアウトサイドに

バックハンド

1. 肩の力を抜いて相手のボールに備える
2. ラケットを立ててテークバックに入る
3. アウトサイドからのラケット軌道をとり、サイドスピンをかける準備

サイドに来たボールに角度をつけて、ネット際に落とすボレーです。飛ばす距離が短いので、スピードよりもしっかり角度をつけて落とすことが重要です。

フォアハンド、バックハンドともにラケットを立てて、コンパクトにスイングします。後ろ足に重心を乗せ、腰を落としてラケットが顔と並ぶくらい極端にコンパクトなバックスイングにします。

肘を軽く伸ばし、体のバランスをとりながらラケットを立てたまま、ボールの外側にラケット面を出して、ボールを乗せるようにします。そのまま膝をさらに低く折りながらフォアハンドは手首を内側に、バックハンドは手首を外側に折って、サイドスピンをかけます。

ボレー&スマッシュ Part4

4 ボールをラケット面に乗せながらサイドにスピンをかける

5 膝を曲げながら低い姿勢をとりラケット面を打つ方向に向ける

6 ボールをできるだけ長くラケット面でキープして角度をつける

4 ラケット面にボールを乗せるようにしてサイドスピンをかける

5 膝を柔らかく使って低い体勢をとり、ボールに角度をつけていく

6 ラケット面は打ちたい方向に向ける。ラケットは振り切らず止める感じに

① スマッシュの基本動作はサービスと同じ

軽快なフットワークが決め手

　相手の頭を越してくる高いボール（ロブ）を、軽快なフットワークで後退して、思いっきりたたきつけるのがスマッシュです。

　スマッシュのスイングは、基本動作の部分ではサービスと同じです。体を半身にしてラケットを大きく振りかぶって、手首のスナップを効かせて打っていきます。

　ボールの落下点を正確に判断し、速いステップと細かいステップを組み合わせて、ヒッティングポイントに入ることが大切です。ポイント力のあるショットですから、確実に身につけたいものです。

基本動作はサービスと同じで、ボールを遠くへ投げるフォーム。手首のスナップを効かせる

フットワーク

スマッシュのフットワークは横向きのまま、少しの動きはサイドステップ、大きな動きはクロスステップで行います。

1 高いボールが打たれたと判断し後退する準備に入る

2 右足を1歩下げてサイドステップを入れながら下がる

3 ボールの落下点を判断しながらさらに後退

4 クロスステップを入れる

5 クロスステップで調整しながら落下点に入る

右足にタメを作ってフォワードスイングに入る

② スマッシュ・メカニズム

Smash

一番力が入る顔の前あたりでインパクト

テークバック

　高低、速遅のボールに合わせられるように、ラケットは体の横から引くようにします（ただし、トップ選手の中にはサービスと同じように下から回してくる選手もいます）。
　ボールが上がったら、右のつま先を横に向けて体をネットに対して横向きにして、打ちやすい場所に入り、右膝を曲げて地面を蹴るパワーを溜めます。

フォワードスイング

　トロフィーポーズ（ラケットを準備してパワーを溜め込んだ形）から正面を向いて、一番力が入る場所が打点になります。頭の

地面を蹴る　　肘は肩の高さ

1 右のつま先を横に向けて体をネットに対して横向きにする

2 打ちやすい場所に入り、右膝を曲げて地面を蹴るパワーを溜める（トロフィーポーズ）

3 体が正面を向いたとき、肘は肩の高さのまま保つ。胸は張るようにする

上ではなく、顔の前あたりです。
　体が正面を向いたとき、肘は肩の高さのまま保ち、胸筋を張るようにして肘が体の真横にくるまで待って、その後肘から先を前に開放します。そのため、肘や腕は耳のそばを通るのではなく、やや離してスイングする感じです。

インパクト

　インパクトでは左手は脇を締めて体が左に傾かないようにし、上から下にスイングするよりも、後ろから前に振ったほうが重心が上がらず、しっかりとスイングできます。
　上から下に叩きつけるイメージがありますが、後ろから前に振り、打点を前にしてインパクトのラケット面が少し下を向いていれば、ボールは必ず下に飛びます。

フォロースルー

　打つ方向によってフォロースルーの長さは変わりますが、基本としては、打ち終わりで右膝が下に曲がり、左膝は直角に曲がって終わります。これは野球のピッチャーも同じなのですが、投げ終わりで右膝が地面につき、汚れでウエアが黒くなっているのをたびたび目にすると思います。スピードを上げながら体を安定させるには、重心を下げる必要があるからです。基本の打ち方ではフィニッシュでも後ろの右足はしっかり地面につけておきます。右足は船のアンカーの役割を果たしているのです。

打点は顔の前　　　右足は地面に

4　スイングは上から下よりも後ろから前に振る

5　左手は脇を締めて体が左に傾かないようにする

6　右足は船のアンカーの役割を果たす。基本の打ち方では後ろの右足は地面につけておく

123

Smash

③ 基本のスマッシュ

軸足で地面を蹴るパワーをフル活用する

スマッシュはボールが上がってきたら、右のつま先を横に向けて体をネットに対して横向きにして、打ちやすい場所に入り、右膝を曲げて地面を蹴るパワーを溜めます。この右足のパワーがスマッシュの爆発力の源なのです。

そして、インパクトでボールから目を離さないことも、スイングスピードを上げるためには重要なポイントですから、しっかりボールを見てヒットしていきます。

1. 相手のロブに備える
2. ラケットを体の横から引くようにする
3. 右のつま先を横に向けて体をネットに対して横向きにする
4. 打ちやすい場所に入り、右膝を曲げて地面を蹴るパワーを溜める

Point

[1] 重心を下に保つために、上から下にではなく後ろから前にスイングする。
[2] 右足は船のアンカーの役割を果たしているので、フィニッシュでも後ろの右足はしっかり地面につけておく。

ボレー&スマッシュPart4

ラケットを準備してパワーを溜め込んだ体勢から正面を向き始める

5 ラケットが一番下がったところから振り上げ、右足で地面を蹴ってインパクトにむかう

6 スイングスピードを上げるために、インパクトでボールから目を離さない

7 フォロースルーでは右膝が下に曲がり、理想は左膝は直角に曲がってフィニッシュ

8

④ ジャンピングスマッシュ

空中の足の入れ替えでパワーを作る

　ジャンピングスマッシュは、クロスステップで後ろに動いて右足でジャンプし、空中で左右の足を入れ替えてそのパワーでボールを打ちます。

　ようやくボールに届くというようなときは、腕を大きく振ることができませんし、振ってしまうと体のバランスを崩します。

このようなときは、スピンサービスを打つときと同じように、インパクトと同時に手首と肘を内側に折って、コンパクトなスイングでヘッドスピードを上げてボールを押さえるようにします。

　着地は左足で行い、右足はバランスをとるために前方に上げます。

すばやいクロスステップ

1 深いロブが来ると判断し後ろに下がる準備に入る

2 クロスステップで後ろに動く

3 右足を軸足にしてジャンプに入る準備

Point

[1] コンパクトなスイングでヘッドスピードを上げるようにする。
[2] 手首と肘を内側に折ってボールを押さえるようにして打つ。

軸足を決めて左手は真上に

手首と肘を内側に折る

4 右足でジャンプする

5 空中で左右の足を入れ替える

6 着地は左足で行い、右足はバランスをとるために前方に上げる

⑤ スマッシュの コースの打ち分け

Smash

ラケットの微妙なコントロールで3方向をチェンジする

　テニスは、相手のいないところに返球するのが原則です。頭上に上がってくるロブを打ち返すスマッシュも同じこと。飛んできたボールにフットワークを使って繊細に対応し、できるだけいい打点に入って、打ち分けていくことが大事です。

　基本的な順クロス、正面（ストレート）、逆クロスの3方向は、打ち分けられるように練習しましょう。

　いずれの方向もラケットの向き、肩の回し方、足の位置を微妙に調整することで打つことができます。

■順クロスに打つ

1 左手をボールに合わせて上げ、肩を入れて横向きになる

2 肩を回しながら、体を正面に戻してくる。遅れてラケットも戻ってくる

3 ラケット面を順クロス方向にフォロースルーする

4 上半身を左方向に回しきってしまう

■正面（ストレート）に打つ

1	2	3
打点を右肩上くらいにする	ラケット面を正面に向け、そのまま打ち下ろしていく感じのフォワードスイングになる	正面にフォローする。体も正面を向いている

■逆クロスに打つ

1	2	3
打点を少し体の中に入れ、頭の左側からラケットが出ていくような感じにする	手首を外側に捻るようにして、ラケット面を外側に向ける	逆クロス方向にラケット面を向け、フィニッシュする。左足を上げてバランスをとるとナイスショットになる

ボレー＆スマッシュ Part 4

左手の使い方

　グラウンドストロークの項でも述べましたが、右利きの人がスイングする場合、右手と同じくらい左手の使い方も重要です。
　どのショットも右腕を強く振ると、体の中心軸が崩れやすくなりますから、体の中心に対して左右対称に手を動かすことでバランスをとります。
　グラウンドストロークでは、テークバックでは両手とも左右に開いてバランスをとり、インパクトでは両脇を締めて、やはり両手が体の中心に集まってくるように振り、フィニッシュでは両手でラケットを持って体の中心に納めます。
　サービス、スマッシュでは、右手を上げてスイングしたときに体が左や後ろに傾かないように、左脇を締めて体の力を中央に集めます。野球のピッチャーが投球の際に、グローブを左脇に締めるのと同じです。
　ボレーも両手は左右対称に動かして、フィニッシュでは両手のひらを合わせるようにすると、バランスよく切れのあるボレーが打てます。
　うまくなるためには左手の使い方を大いに研究しましょう。

Part 5

これまではテニスにおいて用いる基本のショットを解説してきました。
この章では、その他のショットということで、
高さで変化をつけるロブ、短さとスピン量で相手を翻弄する
ドロップショットを紹介します。ショットの応用編です。
ショットの幅を広げて、応用力のあるテニスに近づいていきましょう。

ロブ＆ドロップショット

Lob&Dropshot

① コートを立体的に使うロブ　Lob

ロブは逃げのショットではない

　多くのテニスプレーヤーは、ロブは逃げるときに使う防御的なショットと思っているのではないでしょうか。確かに、強いボールで追い込まれたときなどは、次のチャンスを待つためにロブを用いて、1本逃げます。

　しかし、ロブの使い方はこれだけではないのです。コートを立体的に使ったり、相手のリズムを崩すための"チェンジ・オブ・ペース"のショットに使ったりと、とても有効な一打でもあります。

　正確なロブを打てるようになれば、どんなに強気で打ってくる相手にも、平然と立ち向かえますから、どんどんマスターしてほしいと思います。

■ロブの使い方ケース・バイ・ケース

相手のボールが深く入ってきたとき	防御的ロブ: 無理せずできるだけ深く高く返す
相手のボールが高くて力が入らないとき	防御的ロブ: 無理せずできるだけ深く高く返す
走らされて強く打つ余裕がないとき	防御的ロブ: 時間的余裕を得るために深く高く返す
相手がネットに攻めてきたとき	防御的ロブ: ボレー、スマッシュを避けるために深く高く返す 防御的ロブ: 相手のバックに上げて体勢を崩す 攻撃的ロブ: 相手の頭を越すためにトップスピンロブを使う
同じペースでラリーが続いているとき(チェンジ・オブ・ペース)	攻撃的ロブ: ペースを変えるためのスピードのあるロブを打つ
太陽がまぶしいとき	攻撃的ロブ: ボールが太陽の光に入るように打ち、相手に見えにくくする
風があるとき	攻撃的ロブ: ボールをうまく風に乗せて相手のリズムを崩す

Lob

② 基本のロブはアンダースピンロブ

ボレーを上に向けて打つイメージ

　プロの試合では、大きくスピンがかかったトップスピンロブを決めることが多く、ロブというとトップスピンロブというイメージが強いようです。バックラインぎりぎりにストンと落ちる鮮やかなロブは、攻守が一変する試合の醍醐味でもあります。

　しかし、実際に、トップスピンロブとアンダースピンロブの打つ数を比べてみると、プロでもアンダースピンロブのほうが多いという数字が出ています。したがって、ロブの技術を習得するためには、まずアンダースピンロブから入りましょう。

　アンダースピンロブは面を上に向けて構え、そのまま上にラケットを振り上げるのでコントロールがしやすく、短いスイングでロブにすることができます。

体をボールの下に

1 膝を柔らかく使って、曲げる角度を深くする

2 脇を締め、体をボールの下に入れる

3 膝、体、腕全体を使って押し上げる

Advice

[1] 十分な高さ（ネット上5〜6m）でベースラインの内側1m以内に落ちるようにする。
[2] 相手のスマッシュを受けてロブを上げる場合は、まずスマッシュに追いつけるように膝を深く曲げて、猫や虎が獲物を捕るときのように飛びつく姿勢を作っておく。
[3] スイングはラケット面を上に向けて前に押し出すことと、ラケットを上に振ることの2つの要素を、相手のボールの威力によってミックスさせる。

上に向けて打つイメージ

十分な高さを出す

4 膝を押し上げ、それと同時にラケットも振り上げていく

5 打ち終わっても膝は伸ばしきらない

6 フィニッシュはボールを調整した名残で膝を曲げたまま終わる

③ 攻撃的なトップスピンロブ

Lob

ラケットを長く振るむずかしいショット

　トップスピンロブは、ラケット面を地面に対して垂直にして、ボールを上に擦り上げるので、技術的に非常にむずかしいショットです。ラケットも長く振らなければなりませんので、しっかり重心を落とした土台となるスタンスが大切になります。

（1〜2）ラケット面を立ててテークバックに入ることで、ラケットヘッドを落としやすくなる

（3〜4）膝を曲げて低い姿勢をとる

■ラケットの軌道

TOPSPIN

5	6	7	8
ボールの下からラケットが振り出される	ボールを上に擦り上げる	フォロースルーでは手首を内側に回転させる	ラケットを長く振って肩の位置でフィニッシュ

④ バックハンドロブ（アンダースピン）

Lob

足、腰、体全体でボールを押し上げる

　バックハンドのアンダースピンロブの打ち方は、ボールの下に体を入れて肘を伸ばし、足、腰、体全体でボールを押し上げます。

　ラケット面を上に向け、その面をキープしながら、胸筋を開いて打ち上げていく感じです。膝の柔軟さ、手首の角度のキープ、姿勢を崩さないことを注意しながら、ボールをコントロールして打ってみてください。

1 ラケットを立てて構える

2 肩、腰をしっかり入れる

3 膝を柔軟に使って低い体勢に入る

4 ラケット面を上向きにする

Point

[1] 右肘を伸ばして、ボールの下に体を入れる感じが大切。

[2] 足、腰、体全部をコーディネートして全体で打っていく。

ロブ&ドロップショット Part 5

5 体は横向きのまま当てる

6 上向きの面でボールを運ぶように打っていく

7 足、腰、体全体でボールを押し上げる

8 高いフィニッシュをとる。ラケット面はキープしたまま

① むずかしくない!! ドロップショット

Dropshot

アンダースピンのロブを短く打つだけ

■ラケットの使い方

バックハンド

練習はバックハンドから始めるほうがやさしい。左手でシャフトを持ってラケットヘッドをやや立てて、ネットに平行に振ることから始める。こうすると誰でも簡単にアンダースピンをかけられるようになる

フォアハンド

バックハンドができるようになったら、フォアハンドに移るといい。フォアハンドも同様にややラケットを立てて、ボールがラケット面を斜めに登るように使う。手先でこねるのではなく、膝を柔らかく使って膝のリズムでボールを飛ばしていく

ドロップショットは「むずかしい!!」という先入観があって、初心者はあまり使わないイメージがありますが、実際にはそれほどむずかしいショットではないのです。ドロップショットを使うことによって、テニスの幅がぐんと広がり、どんどん楽しくなりますから、敬遠するのではなく積極的にトライしていきましょう。

基本のドロップショットは、ロブを短く打つだけの感覚でOKです。"こう打たなければ"などと気持ちが焦ると、打点が前になり、手先でこねることになります。体の横までボールを引きつけて、腕全体のスイングとソフトタッチ、そして膝の送りで打つようにします。腰は打ち終わりでも座った姿勢を崩さないように。

フォアハンド

- ラケットを立てる
- 手先はこねない
- 膝を柔らかく使う

バックハンド

- 左手でバランスをとる
- ラケット面を立てる

ロブ&ドロップショット Part 5

Dropshot

② 基本のドロップショット

ボールがラケット面を下から上に登るように打つ

フォアハンド

1. 膝を柔らかくしてテークバックに入る
2. ラケットを立てる
3. ロブを短く打つような感じでボールに近づく
4. 打点が前にならないようにボールを待つ

バックハンド

1. 膝を柔らかくしてテークバックに入る
2. ラケットを立てる
3. ロブを短く打つような感じでボールに近づく
4. アンダースピンをかけるために上から下へのスイングになる

ドロップショットは、アンダースピンを極端にかけるショットですが、「ロブを短く打つ」と考えると、割合やさしく打てるのではないでしょうか。ただし、ロブに比べて少しラケットヘッドを立てます。ボールがラケットの下から上に転がって登るように打つのがコツで、ラケットを真横に動かすとうまくボールのスピードを殺せません。

膝を柔らかく使って、膝のリズムでボールを飛ばす感じが大切です。手先でこねるのではないことを覚えておいてください。

Point

[1] 膝の送りで打つようにし、打ち終わりでも腰は座った姿勢を崩さない。
[2] ラケットはやや立てて、ボールがラケット面を斜めに登るように使う。

- 5 ラケット面を縦に使うように上からのスイングワークになる
- 6 ラケット面にボールを乗せるようにする
- 7 ラケット面の下から上にボールを転がし、勢いを殺す
- 8 できるだけ長くラケット面でボールをコントロールしてフィニッシュ

- 5 体の横までボールを引きつける
- 6 ロブを短く打つだけで、打点が前にならないようにする
- 7 腕全体のソフトなスイングで、膝の送りで打つようにする
- 8 腰は打ち終わっても座った姿勢を崩さない

スピードよりもコントロール

　少し打てるようになるとスピードボールを打つことが快感になります。バランスよく、力まずにスピードボールが打てれば、無理にスピードを落とす必要はありません。

　しかし、力んでスピードボールを打っていると、バランスが崩れやすくなり、いつまでたっても安定感が出てきません。

　少しスピードを落としても、体の軸を安定させて狙った場所にコントロールすることができることを優先するほうが、結果的には早く上達します。なぜなら、強打して、ミスかエースでラリーがなく終わってしまうようでは、実際の動きをなかなか覚えられないからです。ラリーが続くことで、どの場所に打つとどこに返球される確率が高いのかなどを考え学び、そこに走るフットワークも自然に身につきます。

　一発勝負を繰り返していると、ゲーム感覚を養えないのです。

コラム

Part 6

この章では、相手と対戦する「試合」について学びます。
身につけたショットを実戦でどう生かすのか、
どのようにゲーム展開するのか──。
テニスの面白みもどんどん増していくはずです。
試合のやり方、試合での勝ち方を理解してください。

さあ、試合をやってみよう！

Let's Play the Game!

試合をするための基礎知識①
1）シングルスとダブルス

シングルスとダブルスは、コートの横幅だけが違う

　テニスの試合には、シングルス、ダブルス、混合ダブルスの3種類があります。シングルスは1対1、ダブルスが2対2、混合ダブルスは男女組になっての2対2で行います。

　シングルスとダブルスではコートの横幅が違ってきますが、ルール、試合形式は同じです。

　試合形式は、3セットマッチが一般的ですが、男子のメジャー大会（全豪、全仏、全英、全米）は5セットマッチで行われます。ただ、初心者のうちは、1セットマッチ、8ゲームマッチで十分だと思います。試合のやり方を覚える、自分の技術を試合で使うということを優先して、レッツ・トライ・ザ・ゲーム！　です。

2) 試合をするための基礎知識②
試合の進め方

試合のやり方、スコアの数え方

　テニスの試合は、ゲームの進め方、スコアの数え方など、覚えなければならないルール＆試合形式があります。試合を始める前に、頭に入れておく必要があります。
　初心者にとっては、聞き慣れない言い方、テニス特有の進め方はなかなかむずかしいかもしれませんが、とにかく慣れてしまいましょう。
　「フィーフティーン・ラブ」と、自信を持って言えるようになれば、テニスの技術も同時にアップしているはずです。

■試合のやり方

- サーバーは1ゲーム終了まで右サイド、左サイド交互にサービスを行う。1ゲーム終了後は相手がサービスを行う。
- 試合開始は、一方がラケットを回し、そのラケットが倒れたときに表になるか裏になるかをもう一方が予想し、当たったほうがサービスかリターンかコートエンドかの3つの内の1つを選ぶ。
- サービスは1ゲーム終了毎に相手と交代する。ダブルスの場合は相手と交互に4人がサービスをする。1、3、5、など奇数ゲームが終了するごとにコートエンドを入れ替える。
- 6ゲームを取ると1セットを取ったことになる。ただし、5オールになるとどちらかが2ゲーム離すまで続ける。
- タイブレーク＝1セットが長くなりすぎないように、6オールになったときに採用している方法。ポイント制で、どちらかが7ポイント先取すれば、そのセットを取ることになる。ただしこれも2ポイント以上離すことが条件。タイブレークには10ポイント先取りのスーパータイブレークもある。
- 審判がつかない試合ではセルフジャッジで行う。相手の打ったボールが入っていない場合は「アウト」と相手に聞こえるようにはっきり言う。アウト・インの判断がはっきりしない場合は、相手に有利な判定をするのがマナー。
- セルフジャッジの場合、ゲームの中のスコアはポイントが終わって次のポイントに入る前にサーバーが相手に聞こえるようにはっきり言う。お互いに1ポイントずつ確認して、途中でスコアがわからなくならないように注意する。

■スコアの数え方

- 0ポイント＝ラブ
- 1ポイント＝15（フィフティーン）
- 2ポイント＝30（サーティー）
- 3ポイント＝40（フォーティー）
- 4ポイント取るとゲーム
- デュース（Deuce）＝3ポイントずつ取るとデュースとなり、どちらかが2ポイント続けて取るまで繰り返す
- アドバンテージ＝デュース後にどちらかが1ポイント取ったときの呼び方
- マッチ＝3セットマッチではどちらかが2セット取ると終了。5セットマッチではどちらかが3セット取れば終了
- 数え方はサービス側のポイントを先に言う。例えば、1ポイント目をレシーバーが取ると0−15（ラブ・フィフティーン）となる。

③ 試合の定石① テニスは対面競技

相手より有利に立つために

作戦を立てながら戦う

　テニスの試合は、シングルスでもダブルスでも相手がネットの向こうにいる対面競技です。ちなみに、走ることや泳ぐことなどは平行競技といいます。平行競技は自分との戦いが大きな部分を占めますが、対面競技はお互いに相手の自由を奪うように邪魔をしますので、なかなか自分の思い通りにはいきません。

　そんな中で自分の力と相手の力を冷静に判断し、作戦を立てながら戦っていきます。したがって、精神的な戦いも勝敗を分ける大きな要素となります。

> **Point**
> [1] テニスは対面競技。自分の思い通りにはいかないことをしっかり認識すること。
> [2] サーバーなら、ファーストサービスをしっかり入れていく。レシーバーなら、リターンミスをしないこと。

ファーストサービスとリターン

　試合はサービスキープ（後述します）が原則になります。ファーストサービスの確率を上げることが、試合に勝つためには重要な要素になります。

　ファーストサービスが入ると、相手はリズムを合わせる予備運動なしにリターンをすることになり、また、ファーストサービスが常に入るということは、それ自体で相手にプレッシャーを与えることになります。

　セカンドサービスになると、一度ファーストサービスのときにリズムを取る予備運動ができていますし、サービスのスピードが落ちるのはわかっていますので、リターンをする際、精神的にも余裕ができます。サーバーのときはファーストサービスの確率を上げることに集中しましょう。

　リターンをする際は、とにかく１本返すことが大切です。文字通りリターン（返す）、またはレシーブ（受ける）することです。後述しますが、サービスのほうが有利ですから、１本返してラリーに入り、サービスの優位性を消すようにします。リターンミスをするとサーバーはサービスをしただけでポイントを取り、試合の流れをつかみやすくなり、また精神的にも楽になります。レシーバーは、リターンを必ず返すようにしましょう。

Game

④ 試合の定石②
相手の弱点をつかむ

相手の弱点をつかんで流れに乗る

自分の長所と相手の弱点

　試合を見ていてよく感じるのは、自分のプレーに一生懸命で相手が見えず、相手の得意な場所に平気で打っていることがあることです。

　戦いを有利に運ぶためには、自分の長所を生かし、相手の弱点を見つけて攻めて、ミスを誘ったりしなければなりません。試合の70％のポイントは、ミスによって決まっていることも頭に入れておきましょう。

試合の流れ

　試合中には流れがあり、うまくいくときといかないときがあります。作戦にもよりますが、原則的には、勝っているときは自分の理想のテニスを追い求めていくのではなく、そのままペースを変えないようにしなければいけません。

　調子がいいから「もっと決めてやろう」などと強打をしたり、逆に極端に慎重になったりすると、流れが変わる場合がありますから注意が必要です。

　反対に、負けているときは、3ゲーム続けて相手に取られたら戦い方を変える必要があります。ポイント間の間合いを変える、ミスを減らす、足を動かす、攻撃を増やす、守りに徹してペースを落として相手コートの真ん中に返すなどですが、極端にするのではなく、自分がさらに崩れない範囲で変えてみましょう。

30（サーティー）の原則

　ポイントを2ポイント取ると30（点）になります。どんな相手でも、どんなゲームでも、まず2ポイントを取るようにしましょう。相手が弱ければそのままスムーズにゲームが取れますし、相手が強くても2ポイント取っておけば、次に相手が3ポイントとって40になっても、逆転できる可能性があります。

　常に競り合った状態にすることで、強い相手にプレッシャーをかけることができるのです。

後半に集中力を高める

　ゲームで30を取っていれば、少なくともそのゲームは相手と競り合った状態です。また、セットの後半のゲームカウント4－4や5－4などのケースも競り合った状態です。

　強い選手はゲームでもセットでも、後半の競り合いで集中力を高めて、しっかりポイントを取りにいきます。普段から競り合うことを意識して練習することで、確実に集中力は高まります。大切なポイントで集中できるように、練習のときから集中することを訓練していきましょう。

太陽、風にも勝つ

　試合は自然の中で行いますので、太陽が

まぶしい、風が強いといった状況で、思い通りに打てないケースもあるでしょう。「嫌だ、打ちにくい！」と思った瞬間に集中力は落ちてしまいます。

まぶしさや風を好む人はほとんどいないでしょう。チェンジエンドもあり、相手も同じ状況ですから、相手に対して「まぶしくて打ちにくいボールを送る」、「風を計算して打ちにくくする」と、逆にポジティブに考えることが大切です。自然を味方につけてプレーすると、相手よりぐっと有利に戦うことができ、精神的にも強くなれます。

サービスキープの原則

テニスの試合は、ある程度のレベルになると、サービスキープが多くなります。その主な理由は、①サーバーはサービスを打ち出すまでの時間の取り方を、20秒以内であれば自分のペースで自由にできるので、呼吸やリズムを変えられる、②サーバーが、打つコース、回転、スピードを決められるので、レシーバーは合わせなければならない、からです。

Game (Singles)

1) シングルスの定石①
クロスとストレート

クロスは守り、ストレートは攻撃

　コートの広さ、ネットの高さを考えてプレーします。ストロークの基本は、守っているときや様子を見る場合はクロスに打ち、攻撃する場合はストレート（ダウン・ザ・ライン）に打っていきます。

　これは、クロスに打つとボールはネットの中央の一番低いところを通り、なおかつ対角線に打つので距離が長くなり、多少のミスショットでも入りやすくなるからです。また、打ったあと次のボールに対するポジションも、あまり動かない場所で取ることができるからです。十分に次の体勢を整える時間を稼ぐことができ、安全ですが相手も守りやすいので、攻撃的ではありません。

　ストレート（ダウン・ザ・ライン）に打つと、ネットの端で中央よりも17cm近く高いところを通し、なおかつ距離もクロスよりも短いため、ミスを犯しやすくなります。また、打ったあとのボールに対するポジションも、多く動かなければなりません。ただし、相手に時間的な余裕を与えませんので攻撃に適しています。

　試合では、相手と自分のポジションや得意なショット、弱点、スコア等を考えてどこに打つのがベストかを瞬間的に判断しながら戦っていくことが大切になってきます。

■試合中の原則①

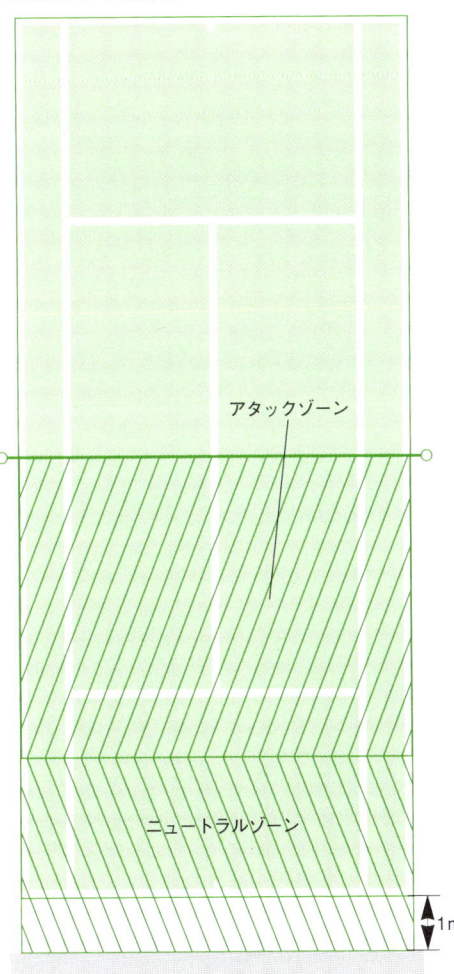

アタックゾーン

ニュートラルゾーン

1m

ディフェンスゾーン

- アタックゾーン＝この位置でボールを打つ場合は、体勢が崩れていない場合は攻撃をする
- ニュートラルゾーン＝この位置にいて打つ場合は、ボールの種類やコース、相手の状態によって、攻撃か守備かを選択して返球する
- ディフェンスゾーン＝この位置で打つ場合は攻撃できないので、深いボールやロブで返球し、時間を稼いで正しいポジションに戻る

■試合中の原則②

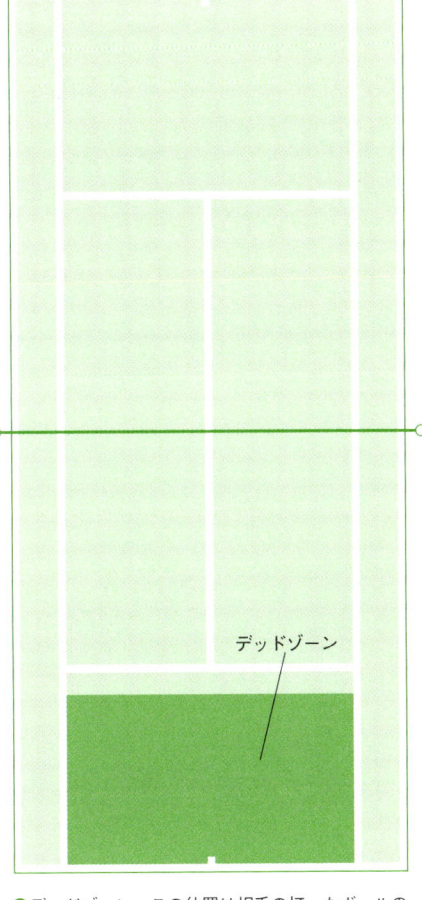

デッドゾーン

- デッドゾーン＝この位置は相手の打ったボールの多くがバウンドする場であり、この位置にプレーヤーが立つということは、ローボレーやハーフボレーをしなければならず、ミスショットになりやすいので、なるべく長時間は立たないようにする

さあ、試合をやってみよう！Part 6

■試合中の原則③

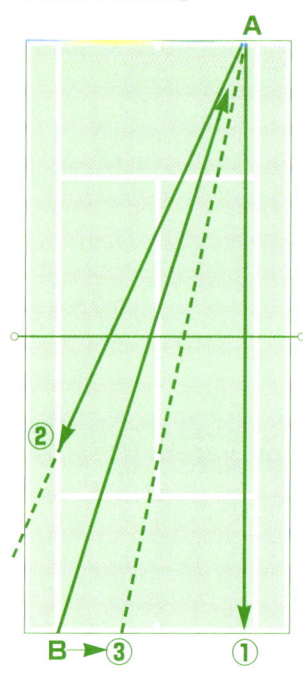

- 守りはクロス
- 攻めはストレート（ダウン・ザ・ライン）
- AとBでクロスに打ち合うと、Aの打てる範囲は①と②の間、その中心は点線の③となり、Bは少し動くだけでコートをカバーできる
- Bがストレートに打つ（右図）とAの打てる範囲は①と②の間となり、その中央③にBが動くためには左図よりも遠くに動かなくてはならない
- また、クロスは距離が長く、ネットの中央をボールが通り、低いのでミスが少ない
- 以上の理由から、守りはクロスに打つのが原則 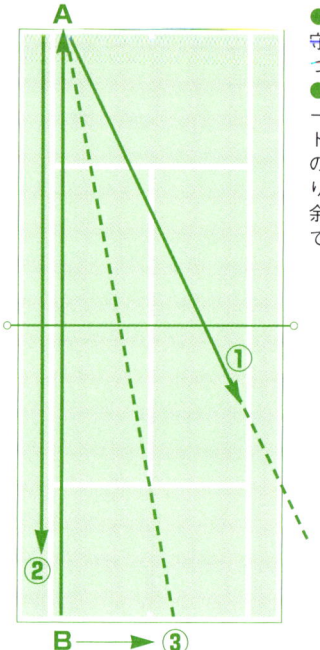
- ただし、ストレートに打つとネットの高い所を通るので距離は短くなり、相手に時間的余裕を与えないので攻撃的になる

■試合中の原則④

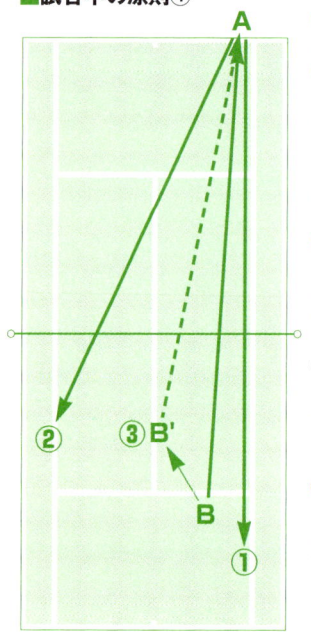

- ネットへ出る場合の打つコース
- Bがネットへ出る際、ストレートに打って出るとAの打てる範囲は①と②の間であり、Bはその中央③へは少し動けば届く
- 右図のようにBがクロスに打って出ると、Aの打つ範囲は①と②の間となり、Bは中央③に行くためにはストレートに打った場合よりも遠くへ動かなくてはならない
- 以上の理由から、ネットへ出る場合はストレートへ打つことが原則となる
- また、ネットへ出る場合は、ボールは速さよりも深さが重要 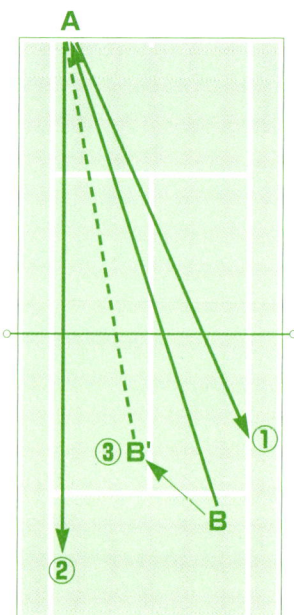
- 速く短いボールを打つと、自分がネットへ着く前にパスで抜かれてしまう
- ネットへは深く、少しゆっくりのボールで出て、正しいポジションをとり、余裕を持ってボレー、スマッシュが打てるようにしよう

② シングルスの定石②
フォアハンドへの回り込み

相手コート全体が見やすく、ハードヒットもしやすい

　最近の試合を見ていますと、試合の方法として、フォアへ回り込んで攻撃するケースが多くなっているような気がします。

　フォアハンドに回り込んだほうが、相手コート全体を見ることができますし、ハードヒットもしやすいからなのです。

　右のコート図を見てください。例えば、Bがフォアへ回り込むと、相手に対して体が正対し、コート全体が見やすくなるのが理解できると思います。バックハンドで打つとなると、肩越しにボールを見ることになるため、相手コートの見える範囲は狭くなります。

　回り込む時間的余裕がある場合は、積極的に回り込んで、攻撃的なフォアハンドを打ってみてください。ただし、回り込むためにはすばやいフットワーク、適切な判断が不可欠であることを、くれぐれも忘れないでください。

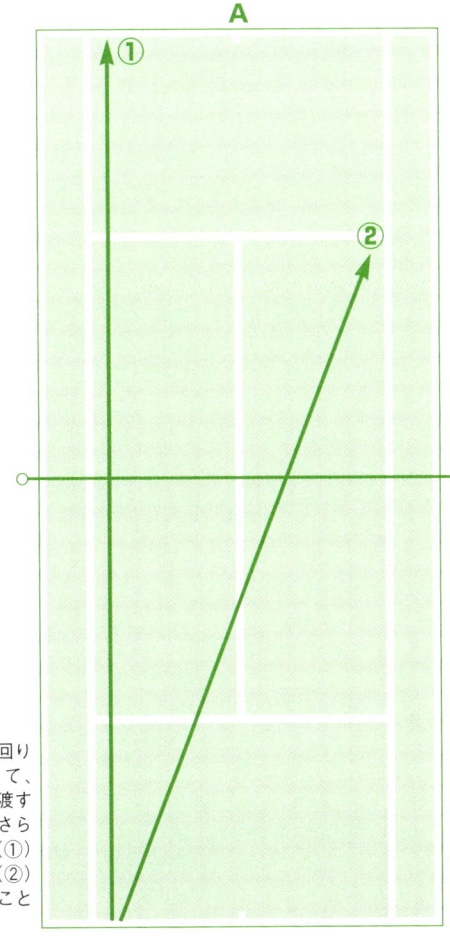

フォアハンドへ回り込むことによって、コート全体を見渡すことができる。さらにストレート（①）でも、クロス（②）でも打ち分けることがやさしくなる

ダブルスの定石①
ダブルスの戦い方

Game (Doubles)

2人のコンビネーションがポイント

　ダブルスはシングルスよりも展開が速く、打つ場所も狭くなるので、ボールのコントロールと2人のコンビネーションが重要になります。

　ダブルスは、2人で攻守のバランスをとって組まなければなりません。それぞれの長所をパートナーが伸ばし、短所をカバーするように戦うことで、グッド・コンビネーションが生まれます。1人＋1人が2ではなく、3にも4にもなるようにするために、日頃からの2人の会話が大切になってきます。

　また、チャンスメーカーとポイントゲッターの役割は、ボールのある場所によって瞬時に変わりますが、自分たちの得意なパターンを作って、なるべくその形にもっていくことが大事になります。主としてどちらかがチャンスメーカーになり、もう1人はポイントゲッターになるという、役割分担の方法もあります。

Game (Doubles)

④ ダブルスの定石②
右サイド、左サイドの決め方

思い切りのよい人が右、勝負強い人が左

　ダブルスにおいては、パートナーと組むときに、どちらが右サイド（デュースコート）になり、どちらが左サイド（アドコート）になるのかを決めなければなりません。

　右利きと左利きが組む場合は、大抵は右利きが右サイドになります。これは、コートの外のほうが中央よりも守る範囲が広く、フォアハンドを外側にしたほうが届く範囲が広いためと、外から中へ引っ張る打ち方のほうがパワーを出しやすく、バリエーションが増えるためです。

　両者が同じ利き手の場合は、勝負強くそれでいてチャンスメーカーになれる人が左サイドのケースが多いです。これは、まず左サイドにはゲームを決めるポイントがくるケースが多いからです。右サイドでのゲームポイントは15－40か40－15しかありませんが、左サイドは0－40、40－0、30－40、40－30、アドバンテージと、いくつものポイントがきます。勝負をかけなくてはいけない、しのがなければならないポイントは、ほとんどの場合、左サイドになるのです。

　また、右利き同士で組むケースが多いですから、左サイドの人は右サイドの人の上のロブも含めて、スマッシュを打つ確率が高くなります。守備範囲が広くスマッシュ力も必要となります。

　右サイドの人は思い切りのよい人が向いているのではないでしょうか。切り込み隊長の役目を自認して思い切って動いて、攻撃に徹し、守備と試合の流れをつかむのは、左サイドの人に任せればいいのです。

　もちろん、以上のことは一般例ですから、お互いを理解して、2人でよく相談してからサイドを決めるようにしてください。

　この右サイド、左サイドは、一度決めたらそのセットが終わるまでは同じサイドを守らなければなりません。"途中で変更！"というわけにはいきませんので、注意してください。

Game (Doubles)

5) ダブルスの定石③ フォーメーション

雁行陣と平行陣

　ダブルスの基本の陣形には、雁行陣と平行陣があります。

　雁行陣は前衛と後衛が斜めに前後して立つ陣形で、平行陣は2人が横に並んでベースラインに立って守ったり、ネットについて攻撃に出たりする陣形です。

　それぞれ特徴がありますが、初心者のうちは、1人がネットに詰め、もう1人がベースラインでチャンスを作る雁行陣が戦いやすいのではないでしょうか。雁行陣は、ネットでの攻撃性と、ベースラインでの守備性をミックスしていますので、もっとも基本となる陣形です。

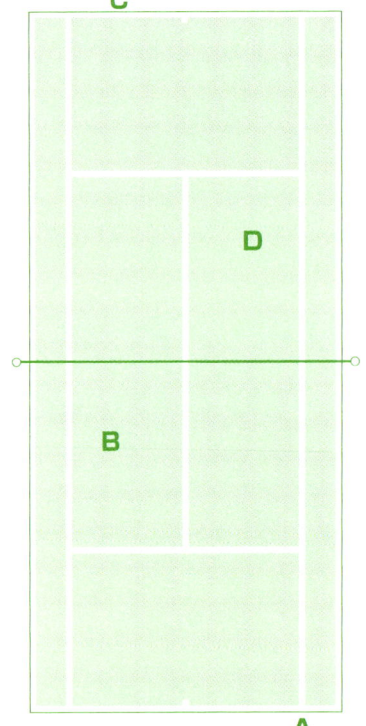

■雁行陣

AB組対CD組で、AとCの役割はチャンスメーカー、BとDの役割はポイントゲッター

■平行陣

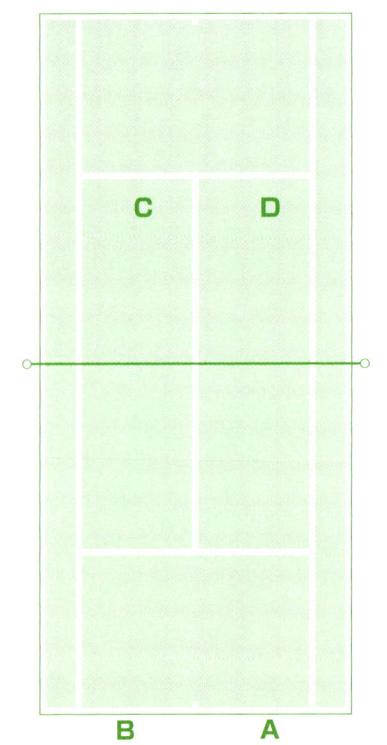

後ろ平行陣のAB組は守り主体。前平行陣のCD組は攻撃主体となる

■雁行陣の動き①

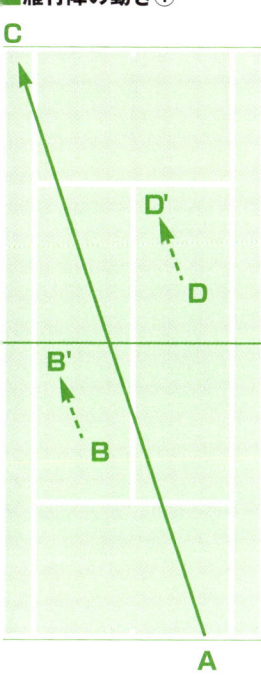

- Aがクロスに打ったら、Bはクロスのボールの線に沿って斜め前に行き、Cの打つボールをボレーする体勢に入る。Dは自分の陣地にボールがある場合はチャンスがないので、斜め後ろに下がってBのボレーに備える
- 逆にCが打ってAが受ける場合は、BとDの動きも逆になる
- 前衛の人は1球ごとに動く必要がある

■雁行陣の動き②

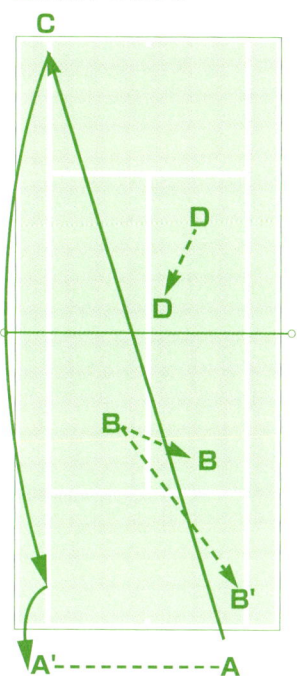

- Aがクロスに打ち、CがロブでBの頭上を抜いたら、Aがカバーに走る。その場合、Bは斜め後ろに下がるか、場合によってはB'まで下がって守りに入る
- Dはチャンスに備えて前へ詰める

■平行陣の動き

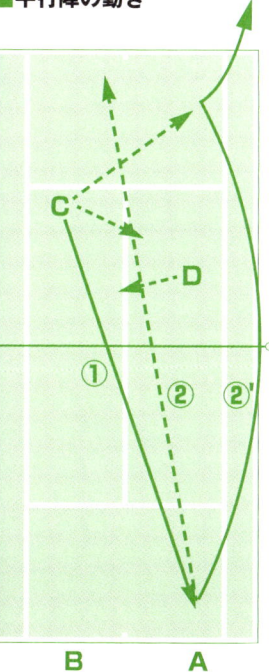

- C、Dはネットへ出て攻めの平行陣だが、厳密にはまったく平行ではない。Aが打とうとしているときは、Dはポーチ(ボレー)をするために前に詰め、CはAがストレートのロブでDを抜いたときに、追うために少し下がっている。また、AがC、Dの真ん中に打った場合、C、Dの2人が手を出してもラケットがぶつからないようにする意図もある
- 平行陣であっても、常に少し雁行陣を敷いて攻守を行うのである

■基本的な攻めのパターン

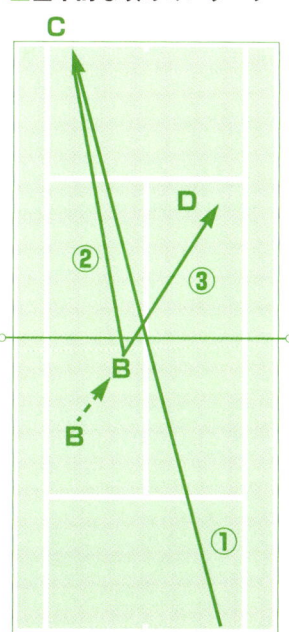

- Aがクロスに打ちCが返球したボールを、Bが前へ出てボレーで決める
- Aがサービスの場合もストロークの場合も同様となる

Game(Singles & Doubles)

6) 試合の定石まとめ①
段階的戦術

一気には勝てない。プロセスを踏む

　試合は、どんな相手であっても、たとえ格下であっても、4ポイント取って1ゲーム、6ゲーム取って1セットと、段階を経なければなりません。一気に勝敗を決めるわけにはいかないのです。

　1ポイントずつの積み重ねがテニスの試合なのです。
　1つずつできることから始めて、最終的には勝利者になりましょう。"できることから"が何より大切。急がば回れです。

Step ①	とにかく相手のコートに返す（なるべく深く）
Step ②	①にプラスして、相手を左右に動かす
Step ③	②にプラスして、相手を前後に動かす
Step ④	③にプラスして、チャンスがあればネットプレーを入れる
Step ⑤	④にプラスして、相手の弱点や予想をしていない場所に打つ
Step ⑥	⑤にプラスして、スピード、回転を上げる
Step ⑦	⑥にプラスして、自分のテニスをする
Step ⑧	⑦にプラスして、相手の特徴を研究して攻略する
Step ⑨	⑧にプラスして、状況により判断をする
Step ⑩	⑨にプラスして、集中力、瞬間的な決断をする

10段階の積み重ねが自然にできるようになれば、かなりレベルアップしたということ。そして、さらにレベルが上がってくるとともに、ボール自体の強弱・高低・深浅・角度・回転などを考えて、1球ずつ効果的に打ち、相手との駆け引きをすることも重要になってくる

Game(Singles & Doubles)

7) 試合の定石まとめ②
試合中のメンタル

誰でも緊張するもの。100％ではなく、70％のプレーを目指す

試合前から結果を気にするな

　試合では誰でも緊張するものです。なぜ緊張するかといえば、勝ちたいからです。試合で勝ち進んでいくと優勝したり、次のもっとレベルの高い試合に出られたり……。周囲の評価も上がります。

　あるときは、負けた場合のその後を考えて緊張する場合もあります。自分ではかなりいけると思ってはいるものの、格下相手に負けたらどうしよう、周囲の評価も下がるかもしれない、負けると次のステップに進めない、などです。いずれにしても勝負にこだわっているわけです。

　緊張することは必ずしも悪いとは言えません。ただ、緊張が過度になると、自分の力の半分も出せずに負けてしまうこともあります。試合前に試合後の結果ばかりを気にするから過度に緊張するのです。試合結果は先のことで、試合前にそのことを気にしても、よい方向に進むわけではありません。

70％の力で戦う

　試合で100％あるいはそれ以上の力を出せることは、多くのプロでもほとんどないといっても過言ではないでしょう。プロでもそうなのですから、常に70％以上出せればいいと考えて、コンスタントに力を発揮できるようにしましょう。

　プロや上級クラスのプレーヤーたちが目指す目標は、自分の力の70〜80％で勝てるように練習をすることであり、精神的には無心になることです。無我、無欲になり、今の1本、次の1本に集中できるように、練習のときから集中力を高めるように努力をしているのです。

誰でも緊張すると知る

　試合は、経験を積むにつれて慣れてくるものです。それでも、ほとんどの選手たちが完璧にはなれないものなのです。

　ある選手の話ですが、ウィンブルドンの決勝戦でセンターコートに入る際、怖くなってそのままテニス道具を持って国に帰ろうと思ったことがあるとのことです。その選手は優勝しましたが、後日周囲の人にそう語ったそうなのです。

　試合というものは、どんなに試合慣れしていても緊張するものであり、むしろその緊張を楽しむくらいの気持ちで戦ってみましょう。きっといい結果が得られると思います。

頭で考えて体に覚え込ませる

　技術を身につけるには頭で理論を考え、それを体に覚え込ませます。最初のうちは、足の踏ん張り、体の軸の作り方、左右の手の使い方、ラケットの動かし方、目でボールを追って打つなどを、一度に考えながら行うと、たくさんのチェックポイントがあって、うまくいかないでしょう。

　はじめは①目を動かさないこと、②ラケットを楽に振ること、の2点くらいに絞って練習したほうが、上達が早いと思います。そして、徐々にチェックポイントを増やして、フォームの完成にもっていけばいいのです。

　その1つ1つの段階をクリアし、技術をマスターしていくためには、反復練習が必要になるのです。

コラム

Part 7

練習方法
Practice & Drill

コート上で力を出しきるためには、
日頃の練習が大切な要素になってきます。
フットワークの練習、ショットのドリル練習は、
必ずいい結果を出してくれるはずです。
楽しみながら、繰り返しの練習に励みましょう。

① フットワークを身につける

Practice

フットワークの種類

　テニスは「足ニス」ともいわれるように、足運び＝フットワークがキーポイントになります。どんなにいいショットを打っても、フットワークがよくなければ、次のショットに結びつきません。

　これまでたくさんのチャンピオンが生まれていますが、例えば、フェデラーもナダルもジョコビッチも、そして女子のシャラポワもイワノビッチも、力強くて速くて巧みなフットワークの持ち主です。

　テニスに必要なフットワークを身につけて、コートを縦横無尽に走りきってしまいましょう。

■1 スプリットステップ

サービスやストロークで相手が打つ瞬間にその場でジャンプし、パワーを足の裏に溜めてどこへでも動ける準備をするためのステップ。着地でパワーポジションをとる

■2 サイドステップ

サイドに動かされたときに、すぐに反対方向へ走ると逆を突かれるので、横向きに跳びながら相手を見て、パワーポジションをとりながら中央へ戻るステップ

■3 クロスステップ

スマッシュで大きく下がるとき、サイドに大きく振られて戻るとき、サイドステップより大きな歩幅が必要なときに使うステップ

■4 スキップステップ

前にチャンスボールがきたときなど、歩幅とリズムを合わせるために使うステップ

練習方法 Part 7

■5 ジャンピングステップ

決め球など強打をするときに、地面を蹴る力が強いと上に跳び上がって打つことがある

■6 スライディングフットワーク

クレーコートや砂入り人工芝のコートでは足が滑りやすいので、サイドに振られたときなどに使う。スケートのように滑りながら重心を落として止まるステップのこと

■7 キャリオカステップ

バックハンドスライスなどで打って前に出る場合、体が正面を向かずに横向きのまま打つために、足を後ろにクロスさせるステップ

■8 ダッシュ

遠いボールに対しては、ラケットをリレーのバトンのように持ってダッシュする

■9 ランニングショット

遠いボールに対して走り抜けながら打つショット。止まらずに最後の1歩の力を利用して打って、その後送った足でブレーキをかけて、次のショットの構えに入る。体軸は背筋を起こしたままにすると、スムースにスイングできる

■10 アジリティー

細かく速い動きだが、テニスではダッシュやボールに近づいてから、細かいステップで調整をするのでアジリティーが必要になる

② ラケットを使って調整力を養う

Practice

コーディネーションの練習

　体をそれぞれの動きに応じて的確に動かすことができるようにするために、ラケットとボールを使ってコーディネーショントレーニングを行いましょう。
　ラケットでボール遊びをする感覚で、上手にボールを操ってみてください。慣れるまではボールをうまくコントロールできないかもしれませんが、うまくできるようになると、ショットもコントロールできるようになってきます。

■1 ラケットでボールをつく

ラケットでボールを地面につく。次につきながら歩く。表裏交互につくこともやってみる

■2 ラケット上でボールをバウンドさせる

ラケット面でボールお手玉をする。手首を返して裏面でも打ってみる

■3 ボールにスライスをかける

ラケットの上でボールにスライスをかける。ボールが真上に上がるようにする。できるようになったら、スライス回転でラケット面を交互に裏返す

■4 打ち上げたボールをラケット面で止める

ボールを上に打ち上げて、ノーバウンド（バウンドさせずに）のままラケット面で止める

■5 フレームでボールをつく

ラケットを縦に使って、フレーム上でボールお手玉をする

■6 1人でボレーボレー

体の前でボールを左右に打って、1人でボレーボレーをする

■7 キャッチボール

2人で8～10m離れて向かい合い、ラケットでボールをバウンドさせないでキャッチボールをする。次に同じ距離でボレーボレーをする

■8 ショートラリー

お互いにワンバウンドさせて打ち合うショートラリーを行う。ネットをはさんで行ってもいい

練習方法 Part7

Drill

① 繰り返しの練習、続けよう！

基本が身につく練習方法を紹介

　多くのチャンピオンたちは、「上達の秘訣は？」とたずねられると、「繰り返しの練習、練習、練習‼」と答えます。練習の積み重ねがなければ、コートで自分のプレーを出しきることはできませんし、つねに自信を持って打ちきることもできないのです。

　どんなに強いプレーヤーでも、一気に技術習得はできません。1つを身につけたら次のステップへ、もう1つ身につけたらその次のステップへと、必ず段階があるのです。

　ここでは、多くの選手が実践している、基本的な練習ドリルを紹介します。とても役立つドリルですから、どんどん取り入れてください。

球出しをやってもらいながら、同じショットを繰り返し練習することはとても大事。体が覚えるまで根気よく練習だ

■Drill① ショートラリー

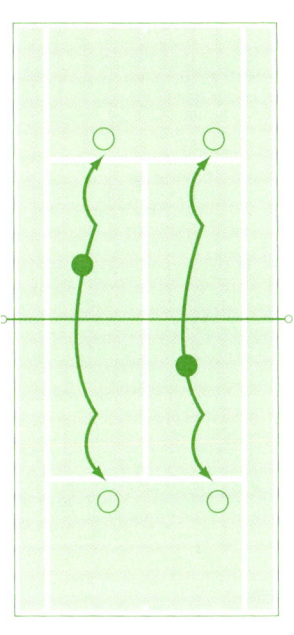

- ゆっくり体をほぐしながらワンバウンドで打ち合う
- 手先だけで打たずに足の裏から体全体を使って、ターンや力の伝え方を確認して行う
- 2〜3分行う

■Drill② コーディネーションラリー

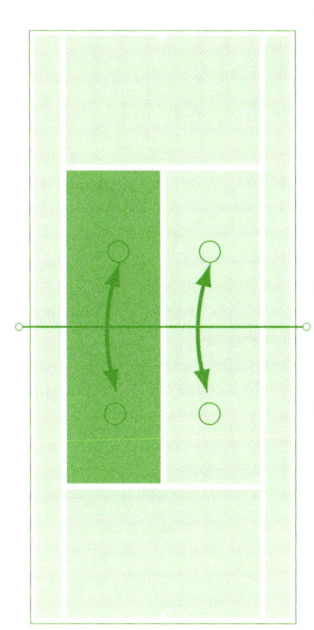

- サービスボックスの中で、半面で向き合い、ネットコードの上にボールを置いて、ボールが落ちた側から打って、サービスボックス内でポイントを取り合う。ただし、強打はしてはいけない
- ストローク、ボレー、スマッシュもOKだが、スピードではなくテクニックを競う
- 5〜10分行う

■Drill③ ストレート（ダウン・ザ・ライン）ラリー

- はじめはゆっくり深く（ベースラインから内側2m以内にバウンド）ラリーを続ける
- 段階的に高低、スピード、回転を上げてレベルアップを図る
- 最初は1分間に30球くらいのペースから始める
- 上級者は1分間に48〜50球になるのが目安
- 一定のリズムでミスをしないで続けることが大切
- 10分程度行う
＊別の練習方法として、コントロールを高めるためアレーを使っての打ち合いも効果的（△）

■Drill④ クロスラリー

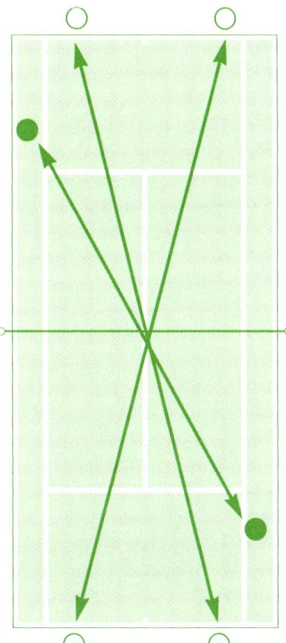

- 目的は、ストレートラリーの場合と同じ
- クロスのほうが、距離が長く、ネットの低いところを通るので、ミスが少ない。試合での基本のラリーである
- ストレートと同様、段階的にレベルを上げる
- アングルでの打ち合いも入れる（トップスピン、アンダースピン等）
＊人数が多いときは1ペアが2〜3球ミスしたら交代する

練習方法 Part7

■Drill⑤ 片面対1面

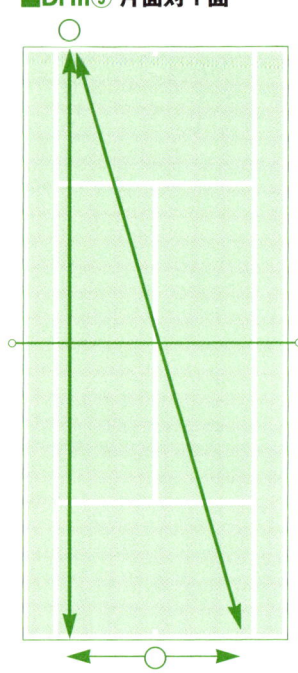

- 1人はコート半面で左右に打ってコントロールの練習をする
- もう1人は左右に動いて、フットワーク、コントロール、心拍数を上げる練習をする
- 片側5～7分で両サイドを行い、交代する

■Drill⑥ クロス対ストレート

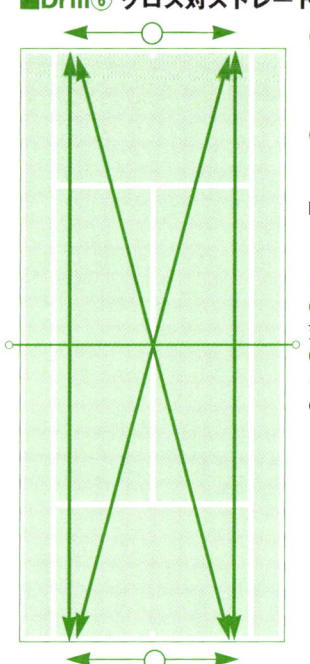

- 1人は左右に動いてクロスに打ち、もう1人はストレートに打つ
- 最初はスピードよりもラリーを続けることを重視し、呼吸を意識しながら、フットワーク、コントロールを上げて行う
- 片方5～7分で交代する
- 上達したらスピード、球動、高低の変化をつける

■Drill⑦ ディフェンスとオフェンス

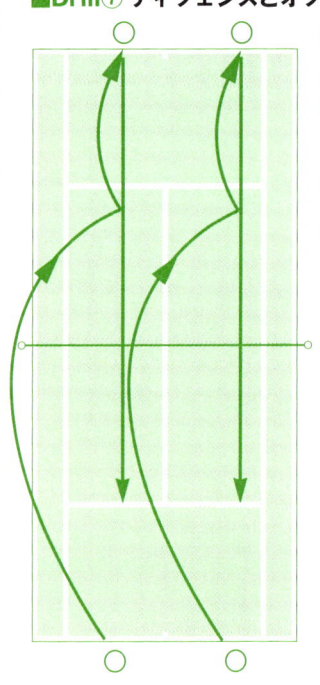

- 1人は中ロブのチャンスボールを相手に上げて守る
- もう1人はチャンスボールを叩き込む
- 同様にクロスコートでも行う
- 5～7分で交代する

■Drill⑧ ボレー対ストローク

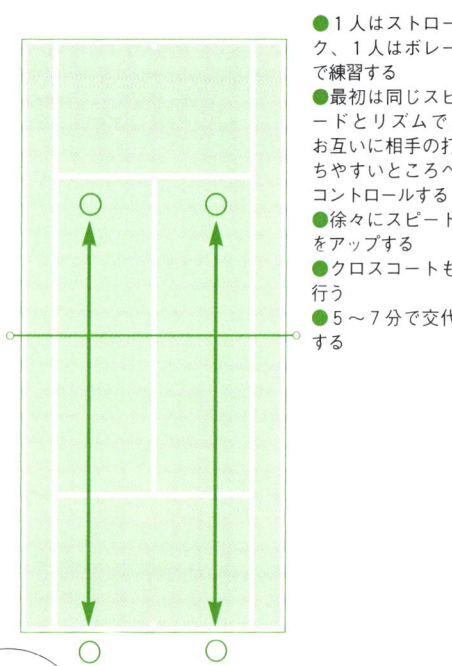

- 1人はストローク、1人はボレーで練習する
- 最初は同じスピードとリズムで、お互いに相手の打ちやすいところへコントロールする
- 徐々にスピードをアップする
- クロスコートも行う
- 5～7分で交代する

■Drill⑨ ロブ対スマッシュ

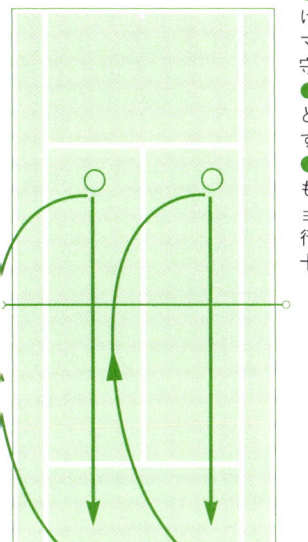

- 1人がロブを上げ、もう1人がスマッシュを打つ攻守の練習をする
- 最初はゆっくりと、コントロールすることから入る
- クロスコートでも行うが、ミスショットが隣の人に行くと危険なので十分注意する

■Drill⑩ ネット対ストローク

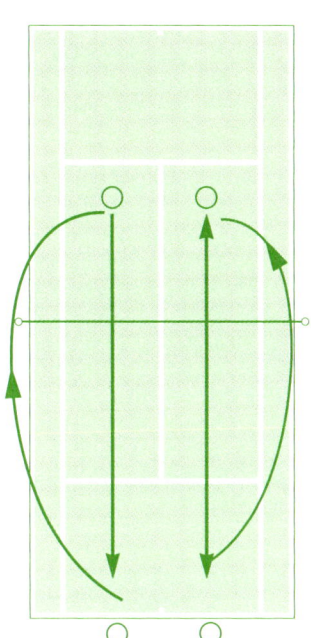

- Drill⑧と⑨をミックスした練習方法である
- 徐々にスピードを上げて、お互いにポイントを取り合う
- クロスコートも行うが、ボールが横に飛ぶと危険なため、クロス練習の場合は同時には行わず、片方のボールが途切れたら、もう一方のクロスが行うようにする

■Drill⑪ 2対1でコントロールの練習

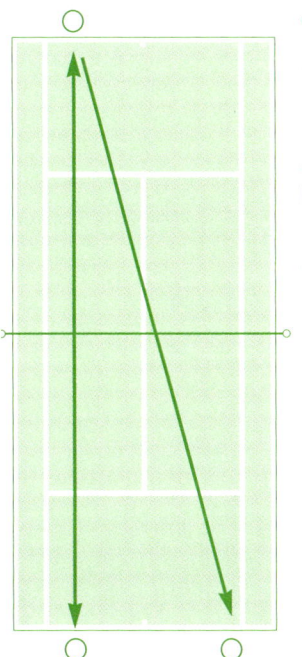

- 1人は左右に打ち分け、2人はそれぞれフォアまたはバックのコントロールアップを図る
- 1人のほうは方向を変えて打つので、1球ずつ正しいステップを行う
- 5～7分で交代する。左右のコーナーで行う

■Drill⑫ 1面で2対1の練習

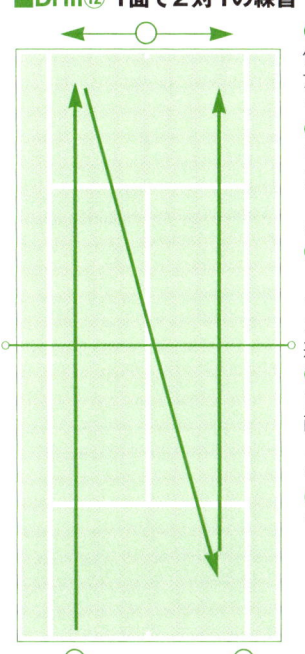

- コート1面で片側は1人、もう一方に2人入って行う
- 最初は1人を少し動かす程度のコントロールショットでラリーを続ける
- 少しずつスピードとコースを厳しくして、1人はミスをしないように返球する
- 最後はネットプレーも含めて、1面すべてを使って2対1の試合のつもりで行う
- 5～10分で交代する

■Drill⑬ ストローク（1人/半面）対ボレー（2人）

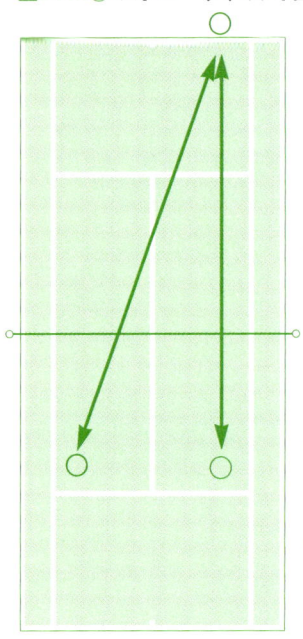

- 1人はコーナーから左右に打ち分ける。相手がネットに2人いるので、テンポが速くなる。フットワークとコンパクトスイングまたは早いテークバックの練習
- 2人はネットでコーナーへ。ボレー、スマッシュをコントロールする練習である
- 2人のほうはダブルスのコンビネーションも覚える
- 5～7分で交代する
- 左右のコーナーとも行う
- 1人のほうは左右の打ち分けと、ダブルスの際の配球も覚える

■Drill⑭ ストローク（1人/1面）対ボレー（2人）

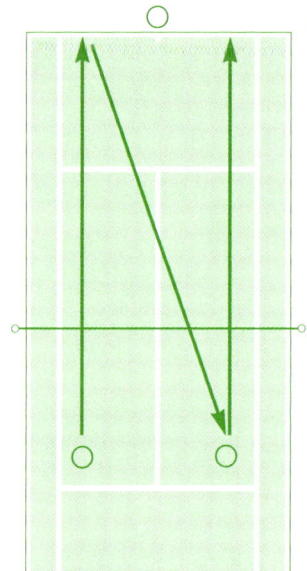

- 2人ボレー対1人ストロークを行う
- テンポが速くなり、2人はコントロールボレー、スマッシュ。1人は速いフットワークで1面を動く
- 1人のほうはシングルスの練習なので、真ん中に打ってはいけない
- 5～7分で交代する

■Drill⑮ ボレー（1人/半面）対ストローク（2人）

- 1人がネットで左右に打ち分け、2人はコントロールショットを行う
- 徐々にテンポを上げ、2人はダブルスのコンビネーション、1人はダブルスの際のコースの打ち分けも覚える
- 5～7分で交代する
- 左右のコーナーとも行う

■Drill⑯ ボレー（1人/1面）対ストローク（2人）

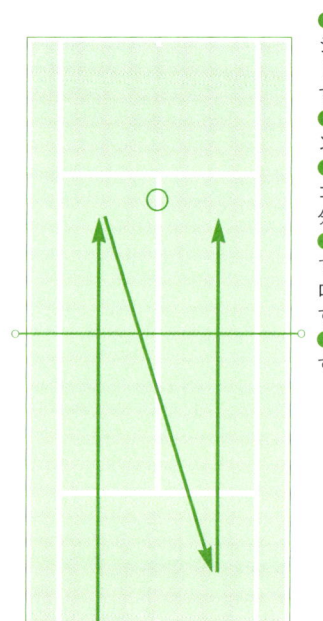

- ネットの1人はシングルスのネットプレーの練習をする
- 徐々に動き、テンポを速くする
- 2人はそれぞれコーナーから打ち分ける
- テンポが上がってきたら、パスやロブで抜く練習をする
- 5～7分で交代する

■Drill⑰ サービス

- サービス練習を、ターゲット（●印）を置いて行う
- ①②はシングルス、③④はダブルスの基本的な立つ位置
- ターゲットは相手の両サイドと体の正面の3点が基本となる
- サービス練習は1人でもできるので、時間があればターゲットを置いて練習する。ただし1球ずつ試合のつもりでていねいに打つこと

■Drill⑱ サービスとリターン

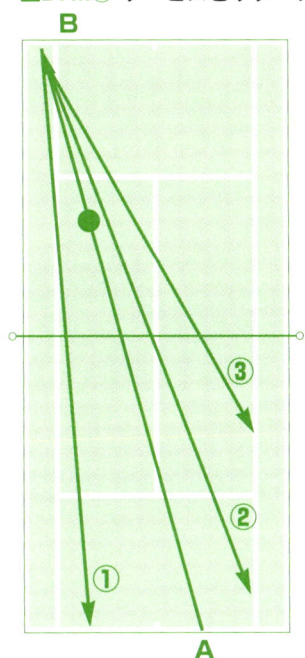

- Aがサービスを行い、Bはリターンをする
- A、Bともに徐々にレベルを上げて、狙った場所に打てるようにする
- アドコートも行う
- Bのレシーバーは①②の両コーナーと③のアングルにもリターンできるようにする（シングルス）

■Drill⑲ ダブルスのリターン

- ダブルスのリターンは、①相手の足下、②2人のセンター、③アングルのアレー、④ネットプレーヤーの横を抜く、⑤ネットプレーヤーの頭上をロブで抜く、⑥2人が交錯するように真ん中にロブ、⑦ネットプレーヤーへのアタック、を練習し、一番効果的な場所に打てるようにする
- 逆サイドも同じように行う

■Drill⑳ サーブ＆ボレー

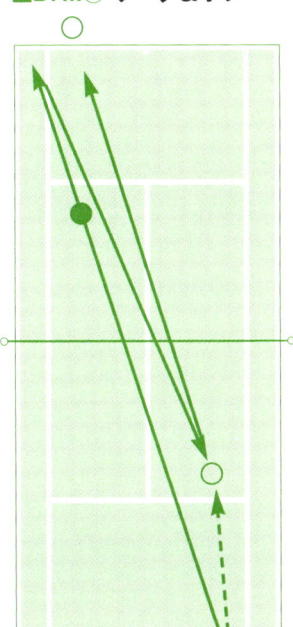

- 1人がサービスをしてネットダッシュする
- 1人はリターンを返して、クロスコートでネット対ストロークの練習をする
- 徐々にレベルを上げて、アングルやロブも使う
- リターンダッシュをして、ボレー戦に入ってもよい
- 4人で行う場合は同時に行わず、交互にすること（危険なため）

173

頭ばかりで考えすぎないことも大事

　頭ばかりで考えていると、考えが先行してしまって、結果的に頭の中だけで終わってしまい、一番優先しなければならない体が、技術を覚えられないこともあります。

　例えばスタンスにしても、ステップインしたら、まず自分自身で足の裏を感じて、どこにどの程度の強さで踏ん張っているかを、体の中で覚えます。その繰り返しで、最終的にはいちいち頭で考えなくても、来たボールに対して体が無意識に反応して、理想的な形を作るようになるのです。無意識に反応するようにしておかないと、とっさのときに間に合いません。

　昔、野球の西武ライオンズが日本一を続けていたとき、森祇晶監督は選手に、毎日基本練習の繰り返しを厳命していたそうです。日本一になっても基本は欠かせないということです。

　基本練習を繰り返して、体が自然に正しいフォームを作り、その自然ないいフォームで打てるようにしましょう。

コラム

Part 8

コート上でいいプレーをする、力を出しきる──、
そのためには日頃の調整が大切です。
体をケアし、練習前にはウォームアップを欠かさない、
練習後には疲れを残さないようにする、そんな毎日の気配りが、
ケガの少ない、強いプレーヤーにしてくれます。
体調管理を積極的に行いましょう。

コンディショニング
Conditioning

Conditioning

1) ウォームアップの方法

ストレッチ&ダイナミックストレッチ

　コートを走り回るテニスは、第1球目からハードな動きを要求されます。テニスの試合中の心拍数は1分間に140拍程度になることがわかっています。試合に入る前、つまり、ウォームアップでそれなりの準備が不可欠なのです。

　トッププロは、試合前に30分から1時間練習して本番に臨むといいます。一般プレーヤーも、少し心拍数を上げて、試合に備えるようにしましょう。

　ストレッチは、柔軟性を高めるためにも大切ですから、日常にも取り入れることをおすすめします。

ストレッチ

■肩

■体幹

176

■大腿

■下腿

■前腕

ダイナミックストレッチ（動きながらのストレッチ）

■足上げ

■ランジ（前、横）

コンディショニング Part 8

② テニスに必要なトレーニング

しなやかな動きのための筋肉をつける

　テニスは瞬間的な動きと長いスタミナ的な動きの両方を必要としますので、トレーニングも多岐に渡らなければなりません。

　腕立て伏せ、腹筋、背筋、ダッシュ、アジリティー、長距離走、スクワット、ランジなどのフリーウエイトのトレーニングと、トレーニングジムで器具を使ったウエイトトレーニングも必要です。

　ただし、ただ筋力をつけてモリモリすればいいというのではなく、しなやかな動きに導いてくれる筋肉をつける必要があるのです。

　本格的に行うためには、テニスに精通していて、テニスの動きの知識があるトレーナーについてトレーニングを行う必要があります。

フリーウエイトトレーニング

■腕立て伏せ

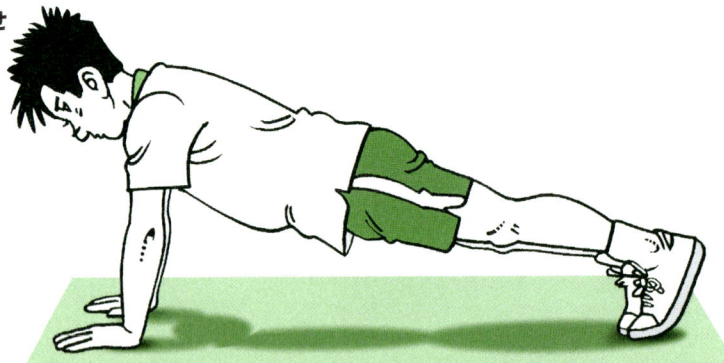

■腹筋

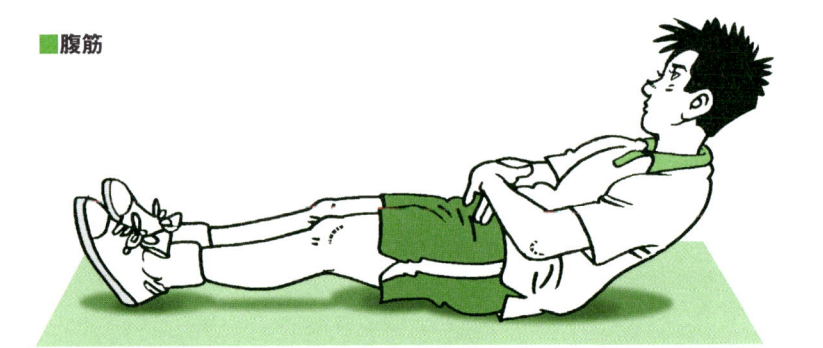

■ランジ　　　　　　　　　■スクワット

ウエイトトレーニング

■アームカール　　　　　　■マシントレーニング

マシンを使ったトレーニングも必要。ただし、モリモリ筋肉をつけすぎると、動きに支障をきたすことがある。専門家の適切なアドバイスを受けて、しなやかな筋肉をつけるようにする

コンディショニングPart8

③ 強い選手になるための食事

テニスに必要なしっかりした体を作るために

体は食べ物で作られる

　テニスに限らず現代のスポーツにおいては、練習・栄養・休養の3つのバランスをとることが、高いパフォーマンスを発揮するために不可欠です。

　練習についてはもうすでにお話ししましたので、ここでは食事、栄養について触れます。力強く動いてくれる体は、すべて食事によって作られます。食べ物の良し悪し＝肉体の良し悪しといっても過言ではないのです。食べ物はとても大切なのです。

　その食べ物の中でも、それぞれ役割が分担されています。

　①エネルギーになるのは＝炭水化物、脂質、たんぱく質
　②体を作るのは＝たんぱく質、ミネラル
　③調整役を担うのは＝たんぱく質、ビタミン、ミネラル

　これらの栄養素が必須で、さらに重要なものが水分です。

栄養素	特　徴	多く含まれる食べ物
炭水化物	無酸素運動時のエネルギー源で筋肉や内臓に貯蔵される	ご飯　パン　うどん　餅　パスタ　バナナなど
脂質	有酸素運動時のエネルギー源で体脂肪として貯蔵される	肉類　乳製品　油など
たんぱく質	筋肉、内臓、皮膚、骨を作る。生命を維持し、病気に強い体を作る。体重1kgあたり最低2gの量が必要となる	肉類　魚類　乳製品　豆類など

テニスに必要な栄養源は

　テニスプレーヤーは、炭水化物を中心にたんぱく質とビタミンCを多くとるようにします。たんぱく質は筋肉の修復や増量に役に立ち、ビタミンCは疲労回復に役立ち、たんぱく質と一緒に摂取することで、関節、靭帯、腱の強化にもつながります。

　また、カルシウムは骨の成長を助けますので、成長期には1日800mg前後を目標にとるようにしましょう。800mgを食べ物に置き換えてみると、牛乳200ml（牛乳1本分＝200mgのカルシウム含有）で約4本分です。

【例：日曜日に試合がある場合の食事】
月曜日から水曜日までは普段の食事。木曜日から土曜日は高糖質（ご飯またはパスタ＋おかず＋果物＋乳製品）

【試合までの時間と食事の関係】
3～4時間前：糖質中心の食事（おにぎり、力うどん、カステラ等）
1時間前：バナナ、エネルギーゼリー、ビタミン剤
30分前：エネルギードリンク
直前：あめ、ブドウ糖錠剤など

■食事に関する注意
①3食しっかり食べる：朝食は1日で一番重要な食事
②なるべくフルコース型の食事をする：主食＋メインのおかず＋野菜料理＋乳製品＋果物をバランスよくとること
③足りない栄養素はサプリメントを使う：ただしサプリメントに頼りすぎるのではなく、できるだけ食事でとるようにすること

食べた分は消費する

たくさん食べて太るのではなく、たくさん食べた分は体を動かして、テニスに必要なしっかりとした体を作ることが大切です。

また、試合中はエネルギーを使い、血糖値が急に下がることがあります。そうなると力が入らなくなり、よいパフォーマンスを発揮することができませんので、試合コートには、消化がよくてすぐにエネルギーになるバナナやスポーツドリンクなどを持っていきましょう。

試合に限らず、水分の補給は大切です。夏は特に熱中症になることがあり、死亡事故につながることもあります。練習中、試合中にかかわらず、喉が渇く前に15分置きくらいに水分補給を行いましょう。

一度に大量に飲むのではなく、少量をこまめに飲むほうが体への吸収がよくなります。ミネラルを含んだスポーツドリンクやサプリメントも吸収効果があります。

睡眠、休養

睡眠と休養は、体を作る上でとても大切です。テニスやトレーニングをすると筋肉が疲労し、体力が低下します。食事をとって栄養補給をし、睡眠や休養をとることで回復します。人間の体は次の活動に備え、体を防衛するためにトレーニングをする前よりも高い水準に回復します。これを超回復といい、それによって体力、筋力がつくのです。

疲れているのに休まず、睡眠不足では、どんどん疲れが溜まって体力が落ち続け、ケガをしやすくなったり病気になってしまいます。少なくとも週に1日の完全休養日をとるようにしましょう。

成長ホルモンは夜寝ているときにたくさん出ますが、夜の12時を過ぎると出方が急に減ってしまいます。特にジュニアプレーヤーは12時前にベッドに入り、睡眠時間は7～8時間はほしいところです。

硬式テニスの用語

◀ ア ▶

厚い・薄い（当たり）
ラケット面をボールに当てた、フラットな当たりを「厚い当たり」、ボールを切るような当たりを「薄い当たり」という。

アプローチショット　approach shot
ネットへ前進するためのショット。

アレー　array
シングルスサイドラインとダブルスサイドラインの間の細長いエリア。コートの両側にある。

アンダースピン　under spin
ボールの逆回転。

アンパイア　umpire
主審。

アンフォースト・エラー　unforced error
避けることができるミスのこと。自分からおかしてしまったエラー。

アンティシペーション　anticipation
相手の打球がどこにくるかの予測。

インパクト　impact
ラケットでボールをとらえる瞬間。

インプレー　in play
ゲーム中、サービスからポイントが決まるまでの間、または、アンパイアが中断のコールをするまで。

ウイニングショット　winning shot
ゲームでの決め球。

ウインブルドン　Wimbledon
イギリス・ロンドンの南西郊外で行われる、全英オープンの通称。グランドスラム大会の1つ。

ウォッチ　watch
アウトボールを見逃すこと。または、ダブルスでパートナーにアウトボールを見逃すように指示する掛け声。

エース　ace
相手がラケットに触れることができないショット。

エンド　end
コートの半面。

オーストラリアン・フォーメーション　Austrailian formation
ダブルスのフォーメーションの1つ。サーバーと、そのネットにいるパートナーが同じサイドに縦に並ぶダブルスのフォーメーション。レシーバーがクロスのリターンを得意とする場合に、それを封じるために使う。

オーバーヘッド　overhead
頭上で打つショット、あるいは頭上から強く打ち下ろすスマッシュのこと。

オンライン（オン・ザ・ライン）　on line
ボールが直接ライン上にバウンドしたとき。

◀カ▶

カウント　count
得点、あるいは得点を数えること。

ガット　gut
ラケットのフレームに張られている糸の部分で、羊の腸を原料にしたナチュラルなものをガットという。

グラウンドストローク　ground stroke
一度コートにバウンドしたボールを打つショットのこと。

グランドスラム　grand slam
全豪、全仏、全英、全米オープンの4大トーナメントの総称。

グリップ　grip
ラケットのハンドル部分、または握り方。

クロスラリー　cross rally
コートの対角線にボールを打ち合うこと。右利きのフォアハンドでは、デュースサイドで行うラリーを順クロス、アドサイドで行うラリーを逆クロスという。

コードボール　code ball
ネット上部の白帯に触れたボール。

コール　call
試合中に審判が声に出して行う行為。

コレクション　correction
訂正。審判が一度下したジャッジを訂正するときに言う。

コンビネーション　combination
ダブルスでのペアの連携。または球速、球質を変えた配球のこと。

◀サ▶

サービスダウン　service down
サービスゲームを落とすこと。サービスゲームを守ることをサービスキープという。

サーフェス　surface
コートの表面。

サスペンド　suspend
雨などによる試合の中断。

ジャンピングスマッシュ　jumping smash
跳び上がって打つスマッシュ。

ショートクロス　short cross
鋭角に打つクロスのグラウンドストローク。

シングルススティック　singles stick
シングルスを行うときにネットの高さを調整する棒。

スタンス　stance
構えたときの両足の位置。

ステップイン　step in
足を踏み込むこと。

ストレート　straight
1セットも失わずに勝つ（負ける）こと。またはコートの縦のラインに沿った打球（ダ

ウン・ザ・ライン)。

スピン　spin
ボールの回転。

スムース　smooth
ラケットの表面(おもて)。

スライス　slice
ボールに逆回転をかける打法、球種。サービスの場合は横回転。

セットオール　set all
セットカウントが同じになること。

セットポイント　set point
セットを取る最後のポイント。

センターストラップ　center strap
ネット中央部の高さを0.914mに保つために使用する白帯。

◀タ▶

タイブレーク　tie break
ゲームデュースが延々と繰り返されるのを防ぐために採用されたシステム。

ダウン・ザ・ライン　down the line
サイドラインに沿ったストレートのショット(ストレート)。

タッチ　touch
ボールを打つときの感覚。または、ラケットや体、ウエアなどがネットに触れること。

打点　hitting point
ボールをとらえる位置。ヒッティングポイント。

ダブルフォールト　double fault
サービスを2度続けて失敗すること。

テークバック　takeback
ラケットを後方に引く動作。フォワードスイング、インパクト、フォロースルーと続く。

デッドゾーン　dead zone
サービスラインとベースラインの中間地帯。守備のエリアとしては避けるエリア。

トス　toss
試合前にサービス、リターン、エンドを決める方法。または、サービスのボールを投げる動作。

トップスピン　top spin
強いボールの順回転。または、その打法。

ドロップショット　drop shot
ネット際に落とす打法。

◀ナ▶

ネット　net
サービスがネットに触れたあと、レシーバー側へ越えること。ボールがネットにかかって越えないこと。

ネットプレー　net play
ネット近くで行われるプレー。

ノットアップ　not up
ツーバウンド以上のボールを打ったときのコール。

ノットレディ　not ready
レシーバーが構えていないこと。

◀ハ▶

ハイボレー　high volley
頭より上で打つボレー。

バックスイング　backswing
ラケットを後方に引く動作。テークバック。

パッシングショット　passing shot
ネットにいるプレーヤーの横を抜き去るショット。

ファイナルセット　final set
試合の勝敗を決める最終セット。

フィニッシュ　finish
打球動作の終わり。

フットフォールト　foot fault
サーバーの足がベースラインを踏んでボールを打つ。または、足がサイドライン、センターマークの仮想延長線を踏んでボールを打つ反則。

フラット　flat
ラケット面にボールを直角に当てること。

フルセット　full set
ゲームの勝敗が最終セットにもつれ込むこと。

ブレーク　break
相手のサービスゲームを破ること。

プレースメント　placement
狙った場所にボールを運ぶこと。

ポーチ　porch
ダブルスでパートナーが打つべきボールを横から飛び出してボレーで打つこと。

◀マ▶

マッチポイント　match point
試合の勝敗を決める最後のポイント。

◀ラ▶

ライジング　rising
バウンドして跳ね上がるボール。または、この状態のボールを打つこと。

ラフ　rough
ラケットの裏面。

ラブゲーム　love game
１ポイントも落とさなかったゲーム。

レット　let
サービス、または、ポイントのやり直し。

硬式テニスの基本ルール

■ボールインプレー■

フットフォールトまたはレットがコールされない限り、サービスが打たれた瞬間からポイントが決まるまで、ボールはインプレーとなる。

■ラインに触れたボール■

ラインに触れたボールは、コース内に正しく入ったものとみなされる。

■プレーヤーの失点■

〈a〉
サービスを2本続けて失敗したとき（ダブルフォールト）。

〈b〉
サービスコートに入ったサービスを返球できなかったとき。

〈c〉
サービスがダイレクトにラケットや体に当たったとき。

〈d〉
インプレー中に打ったボールが相手コートに入らなかったとき。

〈e〉
インプレー中にコート内に落ちたボールが2バウンドする前に返球できなかったとき。

〈f〉
インプレー中にラケット、体、ウエアなどがネットに触れたとき（タッチネット）。

〈g〉
インプレーのボールをラケットで故意に運んだり、また止めたり、ラケットで故意に2度以上触れたとき（ただし、1動作での場合は有効）。

〈h〉
ラケットを投げてボールを打ったとき。

〈i〉
ボールがネットを越える前に打ったとき（オーバーネット／ただし、打球後の場合は有効）。

〈j〉
ポイントが決まる前に相手コートにラケットが落ちたとき。

〈k〉
コート内に落ちていたボールに試合球が当たり返球できなかったとき（コート内に落ちているボールは必ず退けること）。

■　有　効　返　球　■

〈a〉
ボールが決められたコート内にバウンドした場合（ラインに少しでもかかっている場合は有効）。

〈b〉
サービスを除くネットインの場合。

〈c〉
サービスを除き、ボールがネットポストに当たってコートに入った場合。

〈d〉
ネットポストの外を回って入った場合（ネットより低いところを通っても有効）。

〈e〉
風や回転により落ちたボールが相手コートに戻ったところを、ネットを越えて打った場合（ラケット、体、ウエアがネットに触れた場合はタッチネット）。

■ サ ー ビ ス ■

〈a〉
サーバーはベースラインの後方、センターマークとサイドラインの間にポジションをとらなくてはならない。

〈b〉
サービスが規定のサービスコートに入らなかった場合はフォールト。

〈c〉
ベースラインを打球前に踏み越えたり、サービスモーションに入り歩いたり、走ったり、ポジションを移動した場合はフットフォールトとなる。

〈d〉
サービスがネットインした場合は「レット」となりやり直す。

〈e〉
トスを上げたがラケットを振らずにボールを手で受ける、または地面に落とした場合はやり直し（ラケットで受けるとフォールト）。

〈f〉
サービスを空振りした場合はフォールト。

■ダブルスのサービスの順序■

ダブルスでは、セットの第1ゲームでサーブするチームは、その第1ゲームでどちらのプレーヤーがサーブするかを決める。
同じように、第1ゲームでレシーバーになったチームは、第2ゲームが始まる前に、どちらのプレーヤーがサーブするかを決める。
第1ゲームでサーブしたプレーヤーのパートナーは、第3ゲームでサーブし、第2ゲームでサーブしたプレーヤーのパートナーは、第4ゲームでサーブする。この順序はそのセットが終わるまで続けられる。

■サービスとレシーブをするとき■

〈a〉
サーバーはレシーバーの用意ができるまでサービスしない。一方、レシーバーは、サーバーの理にかなったペースに合わせ、サーバーがサービスをしようとするときまでに、返球の用意をする。

〈b〉
レシーバーがサービスを意識して返球した場合、レシーバーの用意ができていたとみなす。レシーバーの用意ができていなかったと判明すれば、そのサービスをフォールトにすることはできない。

■ 妨 害 ■

インプレー中、相手が故意にそのプレーを邪魔した場合は、相手の失点になる。しかし、相手が故意ではなく無意識にプレーを妨げた場合、または、プレーヤーに責任のない何かの物体がプレーを妨げた場合は、ポイントのやり直しとなる。

■ 誤 り の 訂 正 ■

テニスの規則にかかわる誤りが発見されたときは、誤りに気づくまでに行われたポイントは、原則としてすべて有効とし、下記に従ってその誤りを訂正する。

〈a〉
サーバーが誤ったサイドからサービスする

のが発見されたときは、ただちに誤りを訂正し、スコアに応じた正しいサイドからサービスする。誤りが発見される前にフォールとしたサービスは、成立する。

〈b〉
プレーヤーが誤ったエンドにいることが発見されたときは、ただちに誤りを訂正し、スコアに応じた正しいエンドからサービスする。

〈c〉
サーバーの順番が間違っていたことに気づいたときは、気づき次第、本来のサーバーに代わる。しかし、気づいたとき、すでにゲームが終了していた場合は、入れ替わったままの順番で続ける。この場合、ボールチェンジは、予定されていたゲーム数の1ゲーム後に行う。間違いに気づいたとき、相手がすでに打っていたフォールは取り消す。

〈d〉
ダブルスで、パートナー同士のサービスの順番が間違っていた場合は、誤りに気づく前に打たれていたフォールは取り消さない。

〈e〉
タイブレーク・ゲーム中、サービスの順番が間違っていることに気づいたときは、偶数ポイントが終わったあとで気づいた場合は、ただちに正しい順番に戻し、奇数ポイントが終わったときに気づいた場合は、入れ代わったままでプレーを続ける。誤りに気づく前に打たれたサービスのフォールは取り消す。

〈f〉
ダブルスのタイブレーク・ゲーム中、パートナー同士のサービスの順番が間違っていた場合、誤りに気づく前に打たれたサービスのフォールは取り消さない。

〈g〉
ダブルスにおいて、パートナー同士のレシーブの隊形が入れ替わっていることに気づいたときは、そのゲームだけは間違ったままでプレーを続け、そのチームが次にレシーブする順番のゲームになったときに本来の隊形に戻す。

〈h〉
スタンダード・ゲームでプレーすると決められていたのに、6ゲームオールになったとき、誤ってタイブレーク・ゲームでプレーしてしまった。最初の1ポイントだけをプレーしたのであれば、ただちにアドバンテージ・セットに戻し、第2ポイントがインプレーになったあとで気づいた場合は、このセットだけはタイブレーク・セットでプレーを続ける。

〈i〉
タイブレーク・セットでプレーすると決められていたのに、6ゲームオールになったとき、誤ってスタンダード・ゲームでプレーしてしまった。最初の1ポイントだけをプレーしたのであれば、ただちにタイブレーク・セットに戻し、第2ポイントがインプレーになったあとで気づいた場合は、このセットだけはアドバンテージ・セットでプレーを続ける。
その後、8ゲームオールまたはそれ以上の偶数ゲームオールになったとき、タイブレーク・ゲームをする。

〈j〉
正しい順序でボールを交換しなかったときは、新しいボールでサービスする順番のプレーヤー・チームが、次にサービスするゲ

ームのときに、新ボールに交換する。誤りに気づいたからといって、ゲーム中にボールを換えてはいけない。

■ 連続的プレー ■

原則として、試合開始（試合の最初のサービスがインプレーになったとき）から試合が終わるまでは、プレーは連続的に行われる。

〈a〉
ポイントとポイントの間は20秒以内とする。エンドの交代は、90秒以内とする。しかし、各セット第1ゲーム終了後とタイブレーク・ゲーム中は、エンドを交代するときでも休憩できない。

〈b〉
各セットが終わったときは、120秒以内のセットブレークを取ることができる。

〈c〉
プレーヤーの不可抗力で、ウエア、シューズ、用具（ラケット以外）が破損するか、交換しなければならないときは、その問題解決のために必要な時間の延長が認められる。

〈d〉
体調を回復するために、定められた時間以外に、余分な時間は与えられない。ただし、医療上の手当てが許される状態のプレーヤーに対しては、1回3分間の治療時間が認められる。トイレットや着替えは、トーナメントの前に発表されている限られた回数の中断が認められる。

〈e〉
ウォームアップ時間は、トーナメント主催者が別の決定をしない限り5分以内とする。

硬式テニスの基本ルール

【試合でのマナー】
①セルフジャッジの場合、サーバーがポイントをコールする。
②サービス時にはボールを必ず2つ用意しておく。
③明らかにフォールトのボールを打ち返さない。
④試合中に大きな声を出さない。
⑤試合終了後は相手と握手をする。

おわりに　身につけた技術は体が忘れません

　本書の最初でも述べましたが、テニスはサッカーに次いで世界で2番目にプレーする人口が多いスポーツで、世界中どこへ行ってもラケット1本で気軽に楽しくプレーすることができます。各国の首脳や財界のトップの方々にも、テニスを楽しむ方が多くいます。

　テニスは奥が深いスポーツです。世界の四大大会（全豪、全仏、全英、全米）の男子の試合は5セットマッチで行われますから、試合時間が5時間を越えることも多々あります。その間、誰のアドバイスも受けられず、まったく孤独な戦いになります。肉体的にも精神的にも、あらゆるスポーツの中でも非常に過酷な状態になるスポーツといっても過言ではないと思います。

　一方で、ゆっくり山なりのボールの打ち合いでも十分満足できますし、よい当たりをしたときの体に返ってくるボールの打球感は、爽快の一言です。シングルスの試合が体力的に厳しければダブルスや、男女が一緒にプレーするミックスを楽しめばいいのです。

　年齢は3、4歳から80歳過ぎまで、それぞれのレベルで打ち合うことができ、一度身につけたショットは、自転車に乗ることと同じで、一生体が覚えていてくれます。生涯スポーツとしても最適なのです。

　ただし、残念ながら、最初に身につけたフォームがクセとして残りやすいスポーツでもあります。

ですから、スタート時は強打をするよりも正しいフォームで無理なく、無駄なく打てるようにすることが大切です。

　本書を参考に、基本が身につくように繰り返し練習をしてください。自分の年齢や体力に合ったテニスの楽しみ方を見つけ、少しずつレベルアップを図ってみましょう。

　テニスの技術は、年齢に関係なく必ず進歩します。いつ始めてもレベルアップは可能ですし、いくつになっても技術の向上、維持ができるスポーツです。よいプレー仲間を作って、生涯スポーツとして大いに楽しんでください。

　　　　　　　　内山　勝

内山　勝
うちやま・まさる

1944年生まれ、神奈川県出身。中央大学卒業。全日本学生、全日本選手権などに出場。1972年、当時世界一のコーチといわれたハリー・ホップマンのキャンプ（米国・フロリダ州）に、日本人初のコーチとして渡米。帰国後、日本テニス協会ジュニアの代表監督として7年間世界各国を転戦。その後、フェドカップ監督を5年、ユニバーシアード監督、国際テニス連盟のコーチ委員、女子トーナメント委員、ジュニア委員、アジアテニス連盟理事を歴任。ウインブルドンのTV解説を足掛け14年務めたのをはじめとして、全豪、全仏、全日本、ジャパンオープン、東レPPO、アトランタ五輪、シドニー五輪などもTV解説。NHK・TVのスポーツ教室を12年間担当。主な指導・育成選手は、雉子牟田明子、雉子牟田直子、杉山愛、吉田友佳、谷沢英彦ほか。
現在、（財）日本テニス協会専務理事、（株）荏原湘南スポーツセンター代表取締役社長。

ぐんぐんうまくなる！
硬式テニス

2008年8月25日　第1版第1刷
2011年6月30日　第1版第2刷

著　者　　内山　勝
発行人　　池田哲雄

発行所　　株式会社ベースボール・マガジン社
　　　　　〒101-8381
　　　　　東京都千代田区三崎町3-10-10
　　　　　電話 03-3238-0181（販売部）
　　　　　　　 03-3238-0285（出版部）
　　　　　振替口座 00180-6-46620
　　　　　http://www.sportsclick.jp/

印刷・製本　凸版印刷株式会社

©Masaru Uchiyama 2008
Printed in Japan
ISBN978-4-583-10112-5　C2075

※定価はカバーに表示してあります。
※本書の写真、文章の無断転載を厳禁します。
※乱丁・落丁がございましたら、お取り替えいたします。